Hernandes Dias Lopes

PENTECOSTE

O FOGO QUE NÃO SE APAGA

EDIÇÃO REVISADA E AMPLIADA

© 2008 por Hernandes Dias Lopes

1ª edição: novembro de 2017
5ª reimpressão: março de 2021

REVISÃO
Josemar de S. Pinto
Letras Reformadas

DIAGRAMAÇÃO
Letras Reformadas

CAPA
Maquinaria Studio

EDITOR
Aldo Menezes

COORDENADOR DE PRODUÇÃO
Mauro Terrengui

IMPRESSÃO E ACABAMENTO
Imprensa da Fé

As opiniões, as interpretações e os conceitos emitidos nesta obra são de responsabilidade do autor e não refletem necessariamente o ponto de vista da Hagnos.

Todos os direitos desta edição reservados à
EDITORA HAGNOS LTDA.
Av. Jacinto Júlio, 27
04815-160 — São Paulo, SP
Tel.: (11) 5668-5668

E-mail: hagnos@hagnos.com.br
Home page: www.hagnos.com.br

Dados Internacionais de Catalogação na Publicação (CIP)
Angélica Ilacqua CRB-8/7057

Lopes, Hernandes Dias

Pentecoste: o fogo que não se apaga / Hernandes Dias Lopes. — Ed. revisada e ampliada. — São Paulo: Hagnos 2017.

ISBN 978-85-243-0542-9

1. Espírito Santo 2. Pentecoste 3. Reavivamento (Religião) 4. Vida cristã.
I. Título

17-1308   CDD 248.4

Índices para catálogo sistemático:
1. Avivamento espiritual: Espírito Santo: Vida Cristã

Editora associada à:

DEDICATÓRIA

Dedico este livro a todos aqueles que, nesta pátria amada, têm buscado com sinceridade, diligência, ardor e fidelidade às Escrituras um genuíno avivamento, sem se deixar intimidar pela oposição de uns e sem perder o rumo pelo desvio de outros.

SUMÁRIO

Prefácio 7

Introdução 11

1. A necessidade de um Pentecoste 15

2. As causas do Pentecoste 37

3. O conteúdo do Pentecoste 55

4. Os resultados do Pentecoste 95

Conclusão 123

PREFÁCIO

QUAIS SÃO AS RAZÕES PELAS QUAIS uma pessoa resolve ler um livro?

Ah, meu amigo, existem tantas que, como diz o ditado, algumas até a própria razão desconhece! Contudo, tenho minhas suspeitas: alguns escolhem pela capa atraente; outros, pelo assunto que o livro aborda; outros, ainda, mais pelo nome do autor; há aqueles que só leem se houver a indicação de um amigo de confiança.

Eu, regra geral, escolho o que vou ler pelo autor e pelo assunto.

Quando recomendo a leitura deste livro, *Pentecoste, o fogo que não se apaga,* estou entusiasmado com o assunto. Quem não gostaria de ver a sua igreja mais quentinha? Aquela igreja fervorosa, intercessora, evangelista, unida, missionária, generosa? Como precisamos de igrejas assim, não é?

Pentecoste, o fogo que não se apaga é um chamado ao despertamento espiritual individual e, consequentemente, comunitário.

Vivemos dias de muitas alegrias, dores e tristezas no evangelicalismo brasileiro. É motivo de regozijo o crescimento significativo de alguns setores da igreja, mas dolorosamente observamos o

8 PENTECOSTE, O FOGO QUE NÃO SE APAGA

decréscimo numérico de outros ramos da mesma igreja. Ao lado de tudo isso, temos sofrido o impacto de uma crescente onda de escândalos: adultérios, divórcios e separações tornaram-se uma rotina até mesmo entre a liderança pastoral da igreja; reuniões de oração vazias; prósperas reuniões em busca de prosperidade; muito discurso e verborreia, e pouca santificação; ataques malignos de morte desferidos contra pastores e famílias pastorais; líderes mais experientes oprimidos e fechando as portas para líderes mais novos e de coração apaixonado; pastores e líderes leigos desanimados e sem muita esperança do refrigério e da visitação do Espírito Santo; o adversário desejando roubar, matar e destruir, em paralelo com certa apatia e imobilização do povo de Deus.

Pentecoste, o fogo que não se apaga é, pois, um livro para quem tem sede de Deus e não aceita ver sua vida espiritual e sua igreja local envoltas em marasmo e fraqueza.

Quando penso em escritores, lembro daqueles cujos livros sou assíduo comprador, independentemente do assunto sobre o qual escrevem. Gosto do estilo e sempre procuro saber sobre o caráter e a vida do autor.

Hernandes Dias Lopes é dessas pessoas que todos os que desejam crescer em qualquer área da vida precisam ter por perto, seja como conselheiro, amigo, hóspede, hospedeiro, companheiro de viagem, escritor, conferencista, seja como pastor.

Ele crê no que escreve. Ele procura viver o que escreve. Ele é crente e sério. É de coração bom. Ele é de Deus! Sua família é preciosa, formosa, é bênção pura!

Portanto, meu caro leitor, você está em ótima companhia.

Anime-se!

Você começa nas páginas seguintes uma caminhada linda e verá quão belos frutos aparecerão em sua vida.

JEREMIAS PEREIRA DA SILVA
Pastor titular da Oitava Igreja Presbiteriana
de Belo Horizonte

INTRODUÇÃO

DOIS OBSTÁCULOS SE INTERPÕEM NO CAMINHO de um genuíno despertamento espiritual: o primeiro é a experiência mística, à parte da Bíblia, como normatização de vida; o segundo é a erudição teológica sem a unção do Espírito Santo e sem piedade.

Muitos hoje correm atrás de experiências, prodígios e sinais. Buscam um calmante, um anestésico que alivie suas tensões do agora. Comunidades inteiras são submetidas a catarses e extrojeções, em cultos de arrebatamento emocional, nos quais as pessoas decolam nas asas do histerismo coletivo e escapista e viajam pelos continentes da ignorância. Alguns até consultam a Bíblia, mas de forma equivocada, pois não contextualizam sua mensagem, não fazem a exegese do texto nem a estudam sob as leis da hermenêutica sagrada. Abrem-na a esmo, consultam-na como se fosse um livro mágico. Outros acham que a Bíblia tem poder exorcizante. Colocam-na aberta no Salmo 91, na cabeceira da cama, para espantar os maus espíritos e proteger o lar dos aleivosos perigos. Usam a Bíblia, mas não retêm a sua mensagem. Carregam a Bíblia, mas não discernem a voz de Deus. Escutam o som ruidoso que brota do coração, mas não ouvem a voz de Deus que emana da sua palavra.

Outros, porém, examinam as Escrituras com os óculos do racionalismo, com as lentes da teologia liberal, e fazem uma leitura equivocada da palavra de Deus. O liberalismo tem matado muitas igrejas. Onde ele chega, a igreja morre. Onde os homens tratam a Bíblia com descaso, negando sua inerrância e infalibilidade, a igreja debilita-se e perde seu vigor. A Europa, o berço do protestantismo, é hoje um continente pós-cristão. O liberalismo teológico subiu às cátedras, espalhou seu veneno letal. Seminários que outrora formaram teólogos, missionários, pastores tornaram-se quartéis generais do ceticismo. Os púlpitos deixaram de anunciar o evangelho, para plantar no coração do povo a semente maldita da incredulidade. As igrejas, varridas por essa onda perversa, minguaram, desidrataram e perderam o seu vigor. Hoje, os templos estão lá, mas vazios. A secularização entrou na igreja e os crentes saíram. Nos Estados Unidos há muitas igrejas chamadas de "igrejas mortas". Grandes templos, rico patrimônio, mas as pessoas já não estão mais lá. Essa ameaça danosa já chegou ao Brasil. Muitas igrejas já sucumbiram à sua danosa influência.

Neste tempo de confusão, apostasia e sincretismo, é preciso trabalhar de forma árdua para resgatar a centralidade da Bíblia. É preciso zelar pela erudição bíblica, sem deixar a piedade de lado. É preciso repudiar o fanatismo e o emocionalismo histérico, sem deixar de resistir de igual modo ao teologismo estéril. Esses dois extremos, embora façam muito barulho, não produzem resultados que dignificam o nome de Deus. São trovões sem chuva, folhas sem frutos, aparência sem realidade, entraves ao verdadeiro despertamento espiritual.

A igreja cristã precisa urgentemente de uma restauração. Ela não está causando impacto na sociedade. A igreja está perdendo sua autoridade. O que fazer? No final do século 17 e início do século 18, a igreja começou a sentir que estava perdendo sua autoridade. Decidiu então inaugurar uma nova série de preleções, com o objetivo de defender a fé cristã e produzir um sistema de argumentação e apologética na defesa da fé. Mas não foram as preleções de Boyle nem as obras de Butler que restabeleceram a posição da igreja e restauraram sua antiga autoridade; foi através do derramamento do Espírito Santo na vida de George Whitefield e John Wesley, na Inglaterra, e de Jonathan Edwards, na Nova Inglaterra, que isso aconteceu. Um poderoso avivamento varreu a Inglaterra, arrancando dos escombros uma igreja sem vida. O que as preleções não puderam fazer, o Espírito Santo fez, usando homens cheios da palavra e do Espírito Santo.

No início do século 19, a igreja sentiu mais uma vez a perda do poder. O que fazer? Conferiram mais autoridade ao pregador. Afastaram-no das pessoas. Investiram-no de uma aura de autoridade.

O pregador devia vestir-se de maneira diferente. Alçaram-no a um lugar mais elevado, o altar. Assim, as pessoas o escutariam. Mas a mudança só veio quando o avivamento eclodiu na América, em 1857, e no País de Gales, em 1859. Foi Deus intervindo com o seu Espírito, e não as tentativas dos homens, que reergueram a igreja.

Nesse tempo, os pregadores não mudaram suas mensagens, mas as mensagens mudaram o mundo. Seus sermões eram os mesmos, mas estavam vazados pela unção do Espírito Santo e, por isso, milhares de vidas foram salvas. A igreja foi então sacudida, crentes foram despertados, pecados escondidos foram confessados e abandonados, vidas cativas foram libertas, bares e bordéis foram fechados, cassinos tiveram as portas cerradas, enquanto abriram-se igrejas, o amor por Deus reacendeu nos corações, a avidez pelo estudo da Bíblia revigorou os crentes, doce e profunda comunhão estreitou os laços entre os filhos de Deus, e a igreja apática e sem poder tornou-se gigante, valorosa e impactante.

Não se pode fazer um avivamento. Ele é obra do céu. É obra do Espírito Santo. Neste livro vamos estudar sobre o Pentecoste, sobre o derramamento do Espírito, suas causas, seu conteúdo, seus resultados. Estou certo de que Deus quer incendiar o seu coração com o fogo do Espírito. Espero que as páginas que se seguem sejam combustível para acender e alimentar essas labaredas em sua vida!

1

A NECESSIDADE DE UM PENTECOSTE

JOHN STOTT, QUE FOI CONSIDERADO um dos maiores exegetas bíblicos do século 20, disse que "antes de mandar a igreja para o mundo, Cristo mandou o Espírito para a igreja. A mesma ordem precisa ser observada hoje". Não há missão sem capacitação. Não há pregação sem poder. Não há avivamento sem derramamento do Espírito.

Leonard Ravenhill, em seu livro *Por que tarda o pleno avivamento?*, conta a experiência de um pastor que pregou uma tabuleta na porta da sua igreja: "Esta igreja passará por um avivamento ou por um sepultamento". Na Europa, nos Estados Unidos e no Canadá visitei muitas igrejas históricas que tiveram um passado cheio de vigor e hoje são consideradas mortas. Têm templo, têm orçamento, têm estrutura, mas não têm vida. Na Holanda, a partir de 1960, a maioria dos crentes deixou de ir aos cultos. A igreja perdeu o seu vigor numa única geração. Na Escócia de John Knox, visitei um templo suntuoso, em Edimburgo, e fiquei chocado ao ver dentro do templo não um púlpito, mas um bar. Aquele templo foi transformado num ambiente para recreação para os amantes

16 Pentecoste, o fogo que não se apaga

do álcool. Na Inglaterra de John Wesley e George Whitefield, hoje menos de 4% dos ingleses frequentam uma igreja evangélica. À semelhança do que relata o profeta Ezequiel, há igrejas em muitos lugares que hoje se assemelham a um vale de ossos secos.

Mas é possível a igreja experimentar hoje um novo derramamento do Espírito Santo? Precisamos, de início, entender que o Pentecoste no seu sentido pleno é irrepetível. O Espírito Santo foi derramado para permanecer para sempre com a igreja. Ele é o outro Consolador que estará para sempre conosco. Agora, todos os outros avivamentos decorrem daquele que aconteceu em Jerusalém nos primórdios. Nesse sentido, não há mais Pentecoste. Todavia, a promessa de novos derramamentos do Espírito para despertar a igreja é uma promessa viva à qual devemos agarrar-nos. É nesse sentido que vamos usar o termo "Pentecoste". O apóstolo Pedro disse naquele dia memorável:

> ... e recebereis o dom do Espírito Santo. Pois para vós outros é a promessa, para vossos filhos e para todos os que ainda estão longe, isto é, para quantos o Senhor, nosso Deus, chamar (At 2.38,39).

Ao longo da história, Deus visitou o seu povo, irrompendo com grande poder e trazendo à igreja tempos de refrigério, através do derramamento do seu Espírito. Foi assim entre os valdenses, na França, no século 12. Foi assim na Reforma do século 16, quando o Espírito de Deus soprou com grande poder na Europa, usando homens como Lutero, Zuínglio, Knox e Calvino. Deus voltou a visitar a igreja com grande poder no século 17, levantando, sobretudo na Inglaterra, os puritanos, uma das gerações mais santas e cultas da história da igreja. No século 18, as janelas dos céus se abriram em copioso derramamento do Espírito na Inglaterra, no País de Gales e na Nova Inglaterra, com John Wesley, George Whitefield, William Williams e Jonathan Edwards. No século 19, Deus enviou a chuva torrencial do seu Espírito em grandes avivamentos nos Estados Unidos, na Escócia, na Inglaterra e na Irlanda do Norte. No século 20, Deus tem feito maravilhas, desde o grande avivamento do País de Gales, em 1904, com Evan Roberts; o grande avivamento nas Ilhas Novas Hébridas, em 1946, com Duncan Campbell; o avivamento entre os zulus, na África do Sul, em 1966, com Erlo Stegen; e o grande despertamento na Coreia do Sul, desde 1907, quando o vento do Espírito começou a soprar com grande poder, levando aquela igreja a um colossal crescimento até os dias de hoje.

Temos base, portanto, para buscar e esperar um Pentecoste, ou seja, um derramamento do Espírito nestes dias.

POR QUE O PENTECOSTE É NECESSÁRIO HOJE?

1. Por causa do baixo nível espiritual do povo de Deus

A igreja em geral tem crescido para os lados, mas não para cima nem em profundidade. Ela tem sido muitas vezes superficial, rasa, imatura e mundana. Tem extensão, mas não profundidade. Tem números, mas não tem vida. É grande, mas não causa impacto. Ela cresce, mas não amadurece. Tem quantidade, mas não qualidade. É como a igreja de Sardes: *tem nome de que vive, mas está morta* (Ap 3.1). Alguém já disse, e com razão, que a igreja brasileira tem cinco mil quilômetros de extensão e cinco centímetros de profundidade.

Há um vácuo, um hiato, um abismo entre o que os crentes professam e o que vivem, entre o que falam e o que fazem. A integridade e a santidade não têm sido mais o apanágio da vida de muitos crentes. Eles estão caindo nos mesmos pecados vis que condenam nos ímpios.

Não raro, a igreja é mais conhecida hoje por seus escândalos do que pela sua piedade. A maioria dos cristãos adota um cristianismo desfigurado, no qual a verdade é ultrajada, a palavra é relativizada e os valores absolutos de Deus são pisoteados. O evangelho que muitos pregam hoje é um sincretismo semipagão. Estamos assistindo à comercialização indiscriminada e descarada do sagrado. Muitos pregadores abraçaram um semievangelho, um evangelho sem cruz, sem verdade, sem absolutos. Esses pregoeiros não se importam com a verdade; estão mais interessados no lucro. Não buscam o que é certo, mas o que dá certo. Não buscam o que é ético, mas o que funciona. Essa atitude inconsequente de pregar um evangelho misturado com heresias, para satisfazer a ganância insaciável do lucro fácil, tem gerado crentes fracos, doentes e superficiais, e causado mais escândalo que impacto positivo na sociedade.

A igreja perdeu sua vez e sua voz. Ela se impõe não pela força espiritual, mas pelo seu potencial de barganha. Ela perdeu a autoridade para falar em nome de Deus, pois o evangelho que ela prega é outro evangelho. Estamos vivendo o doloroso período de uma igreja apóstata. Vibrante, sim, mas sem a vida de Deus. Rica, sim, diante dos homens, mas, diante de Deus, pobre, cega e nua.

Quando a sã teologia é abandonada, a conduta entra em colapso. A teologia é a mãe da ética. A teologia determina a ética. O homem é resultado da sua fé. Como ele crê no seu coração, assim ele é. Antes da vida vem a doutrina. A doutrina determina a qualidade de vida. Não há santidade fora da verdade. Não há cristianismo autêntico se na sua base não está a palavra de Deus. Uma igreja apóstata não pode gerar crentes genuínos. Uma igreja em crise espiritual gera crentes trôpegos e doentes.

Estamos vendo, por isso, que a cada dia o mundo está entrando mais para dentro da igreja.

A igreja tem mais assimilado que influenciado o mundo. Ela se conforma mais com o mundo do que produz nele impacto. A glória de Deus não está mais sobre a tenda da igreja. A igreja se contorce com as dores de parto para dar à luz seu filho Icabode. O brilho do rosto de Deus não mais tem resplandecido na vida da igreja, que perdeu a sede do Todo-poderoso para buscar avidamente as bênçãos do Altíssimo. Deus se tornou para ela apenas um abençoador, e não o Senhor. O homem é o centro, e não Deus. O que se busca é que a vontade do homem se faça no céu, e não que a vontade de Deus se estabeleça na terra. O homem hoje busca não a face de Deus, mas o lucro. Ele vai à igreja não para adorar, para oferecer algo a Deus, mas para buscar uma bênção. A sua lei é a da sanguessuga: me dá, me dá. O homem invoca Deus não porque tem sede de Deus, mas por aquilo que pode dele receber. Ele entrega o dízimo não porque tem prazer na fidelidade, mas pelo retorno que isso pode representar. Dessa forma, o homem não serve a Deus, mas a Mamom.

Há também aqueles que, à semelhança dos crentes de Éfeso, são ortodoxos, mas perderam o calor espiritual, abandonaram o primeiro amor. Guardam doutrinas certas na cabeça, mas são gelados na vida espiritual. São ortodoxos de cabeça e hereges de conduta. São zelosos em observar os rituais, mas condescendentes com o pecado. São observadores externos dos preceitos de Deus, mas cheios de podridão por dentro. Vão à igreja, mas não entram na presença de Deus. Cantam hinos, mas não adoram a Deus. Fazem longas orações, mas desconhecem a glória de entrar no Santo dos Santos da intimidade com o Senhor. Jejuam, mas não se humilham na presença do Todo-poderoso. Não têm temor de Deus no coração. Acostumaram--se com o sagrado, já não sentem mais deleite na palavra nem alegria na vida de oração, perderam a visão da obra de Deus, por isso já não têm mais paixão pelas almas. Vivem um cristianismo árido, estéril, apenas de fachada e aparência.

A consequência natural dessa fé trôpega é uma vida mundana, envolvida no pecado, mancomunada com o que é vil. Os crentes de hoje, não raro, são pouco diferentes das pessoas do mundo: o namoro é igualmente licencioso e lascivo, os negócios são igualmente enrolados. Falta integridade nos compromissos e verdade nas palavras. Há crentes que são cativos de vícios degradantes, e, para manter as aparências, colocam máscaras e cometem assim duplo erro: o de pecar e o de tentar esconder o pecado. A qualidade da vida moral do povo evangélico hoje está muito aquém daquilo que Deus estabelece em sua palavra. Não adianta racionalizar, criando motivos para justificar o pecado. Deus pesa os corações. Ele sonda os filhos dos homens. Diante dele a luz e as trevas são a mesma coisa. Ninguém escapa do escrutínio de Deus. Seus olhos oniscientes devassam todas as máscaras que usamos. Diante de Deus, não adianta disfarçar. Ele

22 PENTECOSTE, O FOGO QUE NÃO SE APAGA

requer a verdade no íntimo. Ele não se satisfaz com a aparência. Ele não se contenta com folhas; ele busca os frutos.

Antes de falar do derramamento do Espírito, o profeta Joel convocou a nação de Israel a se voltar para Deus. Antes do Pentecoste, o pecado precisa ser tratado. Antes de os céus se abrirem, o povo precisa acertar sua vida com Deus. Antes do derramamento do Espírito, o caminho para Deus precisa ser preparado. E Joel (2.12-16,28) diz que essa volta precisa ser:

a) *Profunda* — ou seja, de todo o coração. Não adianta fingir. Não adianta tocar trombeta. Deus não se impressiona com a majestade dos nossos gestos e com a eloquência das nossas palavras. Ele não aceita promessas vazias, votos tolos, compromissos pela metade. Superficialidade tem sido o apanágio de nossa geração. As palavras são eloquentes, mas as ações são pobres. A aparência é robusta, mas a realidade é pálida. Os rituais são pomposos, mas seu conteúdo espiritual é vazio. As luzes fabricadas na terra são ofuscantes, mas o brilho da glória de Deus é inexistente.

b) *Com quebrantamento* — ou seja, com lágrimas e pranto. Deus não despreza o coração quebrantado. As lágrimas de arrependimento não são esquecidas por

Deus. Os que choram por seus pecados são bem-aventurados. É impossível ser cheio do Espírito sem antes esvaziar-se de todo o entulho que entope a nossa vida. Essa faxina é dolorosa, mas precisa ser feita, ainda que com lágrimas. Avivamento não começa com alarido, mas com choro. Não começa com alto proclamação, mas com lágrimas. Deus derrama água sobre o sedento e torrentes sobre a terra seca. É quando nos humilhamos até ao pó, que as torrentes dos céus são derramadas sobre nós. É quando choramos pelos nossos pecados que somos consolados. É a vaso quebrados que Deus usa para fazer vasos de honra!

c) *Com diligência* — ou seja, com jejum. Precisamos jejuar para que Deus dobre o nosso coração e o torne sensível. Precisamos jejuar para que Deus nos dê percepção da malignidade do nosso pecado e da pureza da santidade divina. Precisamos jejuar para que todas as desculpas que arranjamos para não nos voltarmos a Deus caiam por terra. Jejum é fome de Deus, é saudade do céu, é necessidade do Eterno. Quem jejua tem pressa. Quem jejua está dizendo que tem mais prazer no pão do céu do que no pão da terra. Jejuar é abrir mão do bom para adquirir o melhor. É abdicar-se do pão da terra para alimentar-se do pão celestial. Jejuar é dizer que Deus é melhor do que suas dádivas mais excelentes!

d) *Com sinceridade* — ou seja, rasgando o nosso coração. No passado, as pessoas tinham o hábito de rasgar as vestes na hora do desespero. Deus, contudo, não se contenta com atos exteriores. Ele não se satisfaz com teatralização. Diante dele não adianta empostar a voz, gritar, gesticular, pois esses gestos não o impressionam. A igreja de Sardes dizia ser uma igreja, mas estava morta. A igreja de Laodiceia dizia ser uma igreja rica, mas estava pobre. Deus quer um coração rasgado, sincero, autêntico, determinado a voltar-se para ele. Quando a trombeta soou, o povo foi convocado a voltar-se para Deus. Do sacerdote à criança de peito, todos foram conclamamos a voltar. Então, houve restauração e perdão. Como resultado, veio a gloriosa promessa: E *acontecerá, depois, que derramarei o meu Espírito sobre toda a carne...* (Jl 2.28). Veja que o derramamento do Espírito vem depois, e não antes do acerto de vida com Deus. Buscar avivamento sem antes tratar do pecado é leviandade, pois é querer que Deus compactue com o erro. É preciso preparar o caminho para que Deus se manifeste.

Hoje, tristemente, precisamos admitir que a igreja está doente e fraca por causa do pecado. Não há vida nos cultos. Falta poder na pregação. Os cânticos carecem de unção. As orações são destituídas de vigor. Falta entusiasmo com o serviço. Onde não há sinceridade, não há adoração digna de Deus. Onde não existe santidade, não há comunhão com Deus.

O profeta Isaías diz que Deus estava cansado do culto do povo de Judá, porque as mãos do povo estavam cheias de sangue. Eles multiplicavam suas orações na mesma medida em que aumentavam suas transgressões (Is 1.15). O profeta Amós chegou a dizer que Deus estava cansado de ouvir as músicas religiosas do seu povo e não suportava mais o tanger de seus instrumentos (Am 5.23). E por quê? Porque o povo tinha culto, mas não tinha vida. O profeta Malaquias vai mais longe ao falar em nome de Deus, recomendando que se fechasse a porta da igreja, a fim de que as pessoas não acendessem o fogo no altar inutilmente (Ml 1.10). Isso porque elas estavam desonrando Deus e colocando no seu altar animais doentes, cegos, dilacerados, ou seja, o resto, a sobra, e não as primícias.

Há hoje muitos cultos frios, cadavéricos, sem pulsação, sem o latejar da vida. Há outros cultos que, caindo para o extremo oposto, não passam de uma apresentação teatral, um *show*, no qual as pessoas prestam um culto do homem para o homem. O

26 Pentecoste, o fogo que não se apaga

que conta é o desempenho e o poder de manipulação de massa do dirigente.

Há ocasiões em que o culto se torna um balcão de negócios onde se comercializa o sagrado, onde se loteia o céu e se vende a graça de Deus por dinheiro, onde se fala em nome do Senhor e se fazem promessas em nome de Deus que ele nunca fez em sua palavra. Sim, tudo isso mostra o baixo nível espiritual do povo de Deus e impõe a nós a necessidade imperativa de um Pentecoste!

2. Porque a igreja está trancada dentro de quatro paredes

No evangelho de João 20.19,21,22, encontramos os discípulos reunidos com as portas trancadas, com medo dos judeus. Eles estavam acuados, acovardados, paralisados e sem nenhuma ousadia para sair pelas ruas. Haviam perdido a coragem para testemunhar.

Não queriam assumir os riscos do discipulado. Eles não tiveram coragem de assumir que eram de Jesus. Intimidaram-se diante das pressões e da perseguição iminente. Arriaram as armas; enfiaram-se na caverna; enjaularam-se no cenáculo. Eles se encolheram sob o manto do medo.

Esse é um retrato da igreja hoje. Muitas igrejas têm conteúdo, mas lhes falta ousadia. São ortodoxas, mas não têm paixão pelas almas. Têm conhecimento, mas não têm ardor evangelístico. Têm programa e organização, mas não saem das quatro paredes. Outras igrejas têm conteúdo, boa teologia e excelente música, mas toda a sua atividade é voltada para dentro. Elas não transpiram, não reverberam sua influência para o mundo. São verdadeiros guetos. São sal no saleiro. Nada fazem e pouca ou nenhuma influência exercem na sociedade em que estão inseridas.

Noventa por cento das atividades da maioria das igrejas destinam-se à própria igreja. São igrejas enroscadas e sufocadas pelo próprio cordão umbilical; igrejas narcisistas; igrejas com a síndrome do mar Morto, que só recebem, só engordam; igrejas que alumiam a si mesmas e sonegam a sua luz ao mundo, deixando-o em densas trevas.

Ao contrário da mulher da parábola da "dracma perdida", essas igrejas, em vez de buscar a moeda que se perdeu, passam o tempo todo polindo as moedas que têm nas mãos. Realizam conferências, congressos, encontros, palestras e seminários apenas para polir moedas. Os crentes dessas igrejas reciclam-se em todos os congressos, participam de conferências missionárias a mil quilômetros de distância. São capazes de sair de casa mil vezes para ir ao templo, mas não têm coragem de atravessar a rua e falar de Jesus para o vizinho. São igrejas tímidas para investir na salvação dos perdidos. Pescam sempre em águas rasas e jamais lançam as redes em alto-mar. Os poucos peixes que pegam tornam-se peixes combatentes que exaurem

28 PENTECOSTE, O FOGO QUE NÃO SE APAGA

suas forças guerreando com outros peixes, numa luta titânica de aquário.

Quando olhamos para a passagem de João 20.19-22, descobrimos quatro razões pelas quais a igreja estava trancada dentro de quatro paredes:

a) *Medo* — Alguns crentes têm medo das críticas, do preconceito, da perseguição, de ser zombados, de assumir que são de Jesus. Por isso, acovardam-se como Pedro. Mesmo assim, são crentes cheios de uma autoconfiança arrogante. Têm alto conceito de si mesmos. Julgam os outros e supervalorizam a si mesmos. Como Pedro, começam a seguir Jesus de longe. Não têm coragem de abandonar a fé nem disposição de ir de vez para o mundo, mas também não têm fibra para andar perto de Jesus. Andam esgueirando-se na penumbra. Mergulham em caminhos cheios de escuridão. São discípulos covardes. Como Pedro, também se unem a companhias que são um tropeço para a fé. Começam a se juntar a gente que escarnece e zomba de Jesus. Por fim, semelhantes a Pedro, negam Jesus. Juram que não o conhecem e até praguejam, falando impropérios e negando todo o seu envolvimento com o Senhor da vida. Sim, há muitos que, por medo, preferem ficar aquartelados no templo a vida inteira, no conforto do ninho, vivendo um cristianismo de estufa, apenas tomando mamadeira e engordando, fazendo da igreja um berçário e orfanato, e não um exército equipado para sair pelo mundo anunciando a salvação em Cristo.

b) *Ausência da centralidade de Jesus na vida* — Eles estavam com medo porque Jesus estava ausente naquela reunião. Como Jesus não estava presente, as portas estavam trancadas. Aquilo era uma antítese de todo o ministério terreno de Jesus. O Senhor nunca ficou encastelado no templo, empoleirado numa cátedra. Seu ministério foi itinerante: foi na rua, nas cidades, nas casas, nas estradas. Jesus ia ao encontro das multidões. Onde estava o pecador, aí estava o campo missionário de Jesus. Hoje queremos inverter as coisas. Queremos apenas que os pecadores venham à igreja, mas a igreja não quer ir ao mundo, onde os pecadores estão. A igreja não quer sair do ninho. Não quer o desconforto de descer aos vales, onde as pessoas padecem os tormentos de uma vida sem Deus e sem esperança. Quando Jesus, porém, se faz presente na igreja, ela se torna ousada. Ela sai das quatro paredes. Deixa de ser satisfeita como a igreja de Laodiceia, que se considerava abastada e rica, mas era miserável, porque Jesus não estava dentro dela.

c) *Ausência de comunhão* — Aquele grupo amontoado no cenáculo estava em grande conflito. Alguns talvez nem ousassem levantar os olhos por causa da vergonha de terem fugido na hora em que Jesus foi preso no Getsêmani. Talvez estivessem ruminando a erva amarga de suas fraquezas e mazelas. Talvez estivessem culpando a si mesmos e uns aos outros pelo fracasso de fugir escandalizados com Cristo na hora de seu suplício horrendo. Uma igreja sem comunhão não tem vez nem voz. Não tem autoridade para pregar. Não tem credibilidade para anunciar as boas-novas. Uma igreja sem comunhão acha-se doente, precisa de cura, por isso está inapta para sair das quatro paredes.

d) *Ausência do sopro do Espírito* — Aqueles discípulos estavam sem paz, sem alegria, sem ousadia, sem unção. Estavam secos, murchos, vazios. Estavam amontoados, mas não tinham comunhão. Estavam congregados, mas Jesus estava ausente. Estavam juntos, mas com medo. Eram uma comunidade cristã, mas sem o sopro do Espírito, por isso estavam trancados, com medo dos judeus.

Quando perdemos o sopro do Espírito, torna-mo-nos crentes medrosos. Quando a igreja deixa de ser irrigada pelo óleo do Espírito, ela míngua, murcha, se encolhe. Quando falta óleo na engrenagem, a máquina bate pino. Quando a igreja perde a plenitude do Espírito Santo, intimida-se e fecha-se entre quatro paredes.

Não há avivamento intramuros. Avivamento que não leva a igreja a transpirar, a sair do seu comodismo, não é avivamento bíblico. Avivamento que não empurra a igreja para fora do ninho é apenas um movimento superficial de consequências miúdas. Quando Paulo chegou a Tessalônica, a Bíblia relata que a mensagem do evangelho vazou pelos poros da igreja e alcançou todo o mundo. Quando ele chegou a Éfeso, a partir dali o evangelho irradiou-se por toda a Ásia Menor e igrejas foram plantadas em toda a província como Esmirna, Pérgamo, Tiatira, Sardes, Filadélfia, Laodiceia, Colossos e Hierápolis. Sempre que Deus visitou o seu povo em poderosos derramamentos do Espírito, a igreja avançou para conquistar os perdidos lá fora, no mundo, onde eles estavam. Eis porque precisamos de um Pentecoste nestes dias, para tirar a igreja detrás dos muros de concreto e levá-la para as ruas, para as praças, para o meio da multidão, a fim de ser sal, luz e portadora de boas--novas de salvação.

3. Porque fogo estranho tem substituído o fogo do Espírito

Há hoje muita heresia no mercado da fé. As prateleiras religiosas estão abarrotadas de muitos produtos belamente embalados para atrair os gostos variados da freguesia. Há muita religiosidade que, embora pareça atraente e convincente, não passa de fogo estranho no altar de Deus. O fogo estranho é aquele que não vem do céu; é fabricado pelo homem. Não vem como resposta e favor de Deus, mas é produzido artificialmente pelo homem para impressionar, como se tivesse o selo divino. O fogo estranho é aquele criado fora dos princípios das Escrituras. Ele é muito parecido com o fogo verdadeiro. Ele impressiona as pessoas. Ele atrai muitos curiosos.

Nunca na história houve uma explosão tão grande de fogo estranho como no tempo em que vivemos. A humanidade está ávida por novidades. Tudo o que oferece resposta imediata à sua necessidade, o homem está buscando. Caímos na malha de um pragmatismo bastante perigoso. As pessoas hoje não estão interessadas na verdade, mas naquilo que funciona. Elas não buscam o que é certo, mas o que dá certo. Não se interessam pela integridade, mas por resultados. Não buscam caráter, mas carisma. Não querem santidade, mas sinais. Não são atraídas pela cruz, mas por milagres. Não buscam negar a si mesmas e a cada dia tomar a cruz e seguir Jesus, mas correm atrás de um falso anestésico que lhes acalme a dor do agora. Não buscam com agonia de alma o arrependimento, mas o conforto. Não se interessam em mudar de vida; antes, estão atrás de lucro. Não buscam a cidade cujo arquiteto e fundador é Deus; antes, querem impérios neste mundo mesmo. Não se importam com o fogo do inferno, desde que consigam apagar as chamas do sofrimento que as incomoda agora.

Estamos vendo, com tristeza e pesar, muitos líderes dando ao povo um caldo venenoso em vez do verdadeiro cereal do céu. Há morte na panela. Há fogo estranho no altar. Muitos são atraídos por toda sorte de novidades que aparecem em nome de fogo divino. Alguns líderes religiosos se tornaram verdadeiros mágicos na fabricação de fogo que desaparece rapidamente. Conseguem fazer verdadeiros malabarismos pirotécnicos para impressionar os incautos, guiando as pessoas cegas pelas veredas escorregadias de uma subjetividade enganadora, sem o referencial seguro das Escrituras.

Outros líderes negociam milagres, voltando à prática medieval das indulgências, em que a salvação se comprava com dinheiro. As indulgências foram repaginadas. Há líderes que se especializam em apelos sentimentalistas, fazendo promessas enganadoras ao povo em nome de Deus, para arrancar polpudas somas de dinheiro, para engordar os cofres famintos de uma casta inescrupulosa.

Existem muitos mercenários travestidos de pastores, empoleirados no púlpito, com a Bíblia

34 PENTECOSTE, O FOGO QUE NÃO SE APAGA

aberta, expressando de forma vaidosa uma verborragia sedutora, pregando outro evangelho, fazendo milagres, expulsando demônios, profetizando, mas ao mesmo tempo vivendo na iniquidade, dominados por uma ganância insaciável, acendendo fogo estranho no altar.

Há igrejas chamadas evangélicas que estão criando um verdadeiro sincretismo religioso, trazendo à tona um evangelho mágico, misturado em práticas pagãs, encorajando os fiéis a colocar um copo de água sobre o rádio, a comprar rosas ungidas, lenços santificados, toalhas suadas, óleo de Israel e água benta do Jordão. Tudo isso não passa de outro evangelho, um antievangelho, fogo estranho no altar.

Mas o que devemos fazer diante dessa triste constatação? Apenas lamentar? Apenas lançar torpedos de condenação a essas práticas condenáveis? Apenas alertar o povo sobre os perigos dos falsos mestres? Muito mais que isso, precisamos buscar o fogo verdadeiro. Fogo combate fogo. A melhor maneira de cercar o fogo é com fogo. Só o fogo autêntico pode apagar o fogo falso. Só o fogo do céu pode fazer morrer as chamas do fogo estranho. Deus sempre se manifestou através do fogo. Quando Deus apareceu a Moisés no Sinai, revelou-se através do fogo. No monte Carmelo, Deus destronou a credibilidade do abominável Baal mandando fogo do céu. Quando Salomão consagrou o templo, o fogo de Deus invadiu o santuário. No Pentecoste, o Espírito desceu sobre os discípulos em chamas como de fogo. Deus é um fogo consumidor. O trono de Deus é fogo. A palavra de Deus é fogo. Ele faz dos seus ministros labaredas de fogo. Jesus batiza com fogo. Sempre foi desejo de Jesus lançar fogo sobre a terra: *Eu vim para lançar fogo sobre a terra e bem quisera que já estivesse a arder* (Lc 12.49).

Quando a igreja perde o fogo do Espírito, o mundo perece no fogo do inferno. O Espírito Santo é poder. O Espírito Santo traz poder. No grego, poder é *dynamis,* de onde vem a palavra "dinamite". E dinamite só explode com fogo. Quando a dinamite explode, até pedra se quebra. O fogo de Deus lança luz sobre as trevas. O fogo de Deus aquece os que estão frios. O fogo de Deus queima o entulho do pecado e purifica aqueles que armazenam lixo no porão da memória e no sacrário da alma.

O fogo de Deus não pode ser contido; ele alastra, salta obstáculos, desconhece dificuldades. O fogo de Deus não pode deixar de ser percebido. Onde ele está, as pessoas notam. O fogo de Deus atrai. Onde suas labaredas se levantam, é para lá que as pessoas correm. O fogo de Deus não pode ser fabricado nem produzido artificialmente. É resultado de uma vida no altar, de uma busca sincera, de uma consagração verdadeira, de uma entrega sem reservas de almas que suspiram pelo Altíssimo. Precisamos de um Pentecoste que apague o fogo estranho e acenda verdadeiras labaredas do Espírito nos corações. Oh, o grande soluço de minha alma, o grande grito do meu coração é que eu possa ser um graveto seco a pegar fogo, pois estou certo de que, se o fogo pegar na lenha seca, até a lenha verde começará a arder!

2

AS CAUSAS DO PENTECOSTE

QUEREMOS ARROLAR ALGUMAS CAUSAS FUNDAMENTAIS que desaguaram nesse copioso e torrencial derramamento do Espírito, marcando de uma vez para sempre o início da igreja cristã e servindo de referencial para outros derramamentos dele procedentes.

1. CUMPRIMENTO DA PROMESSA DO PAI

Eis que envio sobre vós a promessa de meu Pai... (Lc 24.49).

O Pentecoste é o cumprimento de profecias claras e inconfundíveis. O Deus fiel, que não pode negar a si mesmo e que vela pelo cumprimento de sua palavra, prometeu derramar do seu Espírito sobre toda a carne (Jl 2.28). Obviamente em "toda a carne" não quer dizer de forma quantitativa, mas qualitativa. O Pentecoste transpôs a barreira do gênero, pois o Espírito foi derramado sobre filhos e filhas, homens e mulheres. Deus devolveu à mulher sua dignidade original. O Pentecoste quebra a barreira do preconceito etário: o Espírito desceu sobre jovens e velhos. Não há idade sagrada

38 Pentecoste, o fogo que não se apaga

nem idade problemática. Todos podem experimentar a vida abundante de Deus. O velho pode ter ideais e sonhos, e o jovem pode ter visões e discernimento. O Pentecoste rompe o preconceito social, pois o Espírito foi derramado sobre servos e servas. Não há aristocracia espiritual. Não há dinastia sagrada. Não há estratificação social no reino de Deus. Até mesmo os mais simples e humildes são contemplados com a qualidade superlativa da vida cheia do Espírito.

Em Isaías 44.3, Deus prometeu derramar água sobre o sedento, torrentes sobre a terra seca e o Espírito sobre os descendentes de Abraão. A promessa de Deus é segura, porque em todas as suas promessas temos o sim e o amém. A promessa é abundante, porque ele não fala de gotas, nem de filetes, nem de porções, mas do derramar de torrentes. Deus não nos dá o seu Espírito por medida. A todos os sedentos, a todos os que anseiam com avidez, como a corça brama pelas correntes das águas, o Pentecoste, o derramamento do Espírito, é uma promessa possível.

Um dos grandes obstáculos ao recebimento dessas torrentes do Espírito é pensarmos que tudo quanto Deus tem para fazer em nós e através de nós é o que conhecemos e já experimentamos. O apóstolo Paulo, preso em Roma, ao escrever sua carta aos efésios, orou para que sejamos tomados de toda a plenitude de Deus. Mas quem é Deus? Ele é autoexistente, imenso, infinito, eterno, imutável, onipotente, onipresente, onisciente, transcendente, soberano. Ele é maior do que o próprio universo. Nem o céu dos céus pode contê-lo. Mas, agora, o apóstolo Paulo ora para que nós, frágeis vasos de barro, sejamos tomados de toda a plenitude do Senhor! Oh, Deus tem mais para nós, infinitamente mais!

No século 19 havia uma família muito pobre nos Estados Unidos, com sete filhos de quatorze anos para baixo. O chefe dessa família morreu, deixando a viúva pobre, endividada e grávida do oitavo filho. Quando o filho nasceu, não era o oitavo, mas o oitavo e o nono pois eram gêmeos. O quinto filho certa feita disse à sua mãe: "Mamãe, eu vou sair da roça. Vou para a cidade. Deus tem um plano na minha vida". Foi para Boston, em Massachusetts. Ali encontrou um emprego numa sapataria. Edward Kimball, seu professor de escola bíblica dominical, foi à sapataria e ali levou aquele jovem a Cristo. Certa feita, ele estava numa igreja e o pregador disse: "O mundo está para ver o que Deus pode fazer com um homem totalmente entregue em suas mãos". Ele disse: "Meu Deus, eu quero ser esse homem". Anos mais tarde, ele caminhava pela Wall Street, em Nova York, quando o Espírito Santo veio com grande poder sobre ele. Ele entrou numa casa, trancou-se no quarto, caiu de joelhos e ali ele foi revestido com poder. Parecia que ondas elétricas entravam pelo seu corpo. Chegou a dizer que ainda que lhe dessem todo o ouro do mundo em

40 PENTECOSTE, O FOGO QUE NÃO SE APAGA

troca daquela experiência teria rejeitado. Quando ele se levantou de seus joelhos, nunca mais sua vida foi a mesma. Nunca mais a história da América foi a mesma. Aquele homem era Dwight L. Moody, o maior avivalista de todos os tempos, o homem que a partir dali, levou mais de quinhentas mil pessoas a Cristo.

2. RESULTADO DE UMA ESPERA OBEDIENTE

...permanecei, pois, na cidade [Jerusalém] (Lc 24.49).

A ordem de Jesus estava dada e não podia ser mudada, adiada ou desobedecida. Os discípulos deviam permanecer em Jerusalém. Talvez o último lugar em que gostariam de ficar fosse a cidade de Jerusalém, que significava fracasso e queda na vida deles. Jerusalém representava vergonha e opróbrio na história deles. Ali suas expectativas e seus sonhos foram sepultados. Ali um espectro de dor se apoderou da alma deles. Mas Jesus mostra que o cenário do fracasso deve ser o lugar da restauração.

Onde há obediência, há bênção; onde a palavra de Jesus não é levada a sério, há maldição. Obedecer é melhor que sacrificar. Aquele não era tempo de sair, mas de ficar. Não era momento de fazer missão, mas de introspecção. Há ocasiões em que o que Deus espera de nós não é atividade, mas autoavaliação. Deus está mais interessado no que somos que naquilo que fazemos. A nossa vida é mais importante que o nosso trabalho. Quando Jesus chamou os apóstolos, antes de enviá-los a pregar e a expulsar demônios, designou-os para que estivessem com ele. Agora, antes de derramar sobre eles o Espírito, capacitando-os para o cumprimento da missão, lhes ordena a ficar em Jerusalém.

Precisamos depender mais dos recursos de Deus do que das nossas estratégias. Se gastássemos em oração o tempo que investimos em reuniões e programações intérminas, a igreja explodiria em crescimento fenomenal. Para nós, ficar quietos na presença de Deus é mais difícil do que correr de um lado para o outro. É mais fácil ser Marta do que Maria. É mais fácil sair em campo do que depender do Senhor, obedecer à sua palavra e descansar nas suas promessas.

Lendo um dos manuais de crescimento da Igreja do Evangelho Pleno em Seul, pastoreada por David Yonggi Cho, fiquei impressionado com o gigantismo do seu ministério. A igreja, que começou em 1958, conta hoje com mais de setecentos mil membros. É a maior igreja local do mundo. Tem cerca de setecentos pastores auxiliares, trinta mil grupos familiares, sete cultos a cada domingo com cinquenta mil pessoas cada. Além da complexidade de uma igreja tão grande, ainda dispõe de várias emissoras de televisão, dezenas de emissoras de rádio e um jornal com setecentos funcionários e tiragem diária de um milhão de exemplares. Fiquei impressionado ao conhecer essa igreja. Imediatamente comecei a meditar sobre a agenda do pastor titular dessa igreja. Como ele administra o seu tempo? Fiquei emocionado e comovido ao ler que ele gasta apenas 30% do seu tempo administrando toda essa máquina e 60% orando, lendo a palavra e preparando o sermão de domingo. Estar com Jesus, ficar na presença de Deus, é a grande prioridade do seu ministério.

Certa feita, o presidente da Coreia do Sul telefonou para o seu gabinete. A secretária disse-lhe que o pastor não poderia atendê-lo porque estava orando. O presidente insistiu em falar, dizendo à secretária que era o presidente e o assunto requeria prioridade. Ela delicadamente comunicou ao presidente que o pastor não o atenderia naquele momento, porque estava orando. Mais tarde o presidente ligou para o pastor e reclamou por não ter sido atendido prontamente como a maior autoridade do país. O pastor respondeu-lhe que não podia atendê-lo porque estava em audiência com o soberano do universo, o Senhor Jesus Cristo.

3. RESULTADO DE UMA ESPERA PERSEVERANTE

> ... *permanecei* [...] *até que do alto sejais revestidos de poder* (Lc 24.49).

Muitas vezes, deixamos de receber uma efusão e um derramar do Espírito de Deus em nossa vida porque somos muito apressados e superficiais em nossa busca. Desistimos cedo demais. Nosso amor por Deus é como a névoa que cedo passa. Vivemos num tempo em que predomina o descartável. Tudo precisa ser rápido. Não desenvolvemos a perseverança. Não aguentamos esperar.

Aquele grupo dos cento e vinte discípulos perseverou em oração durante dez dias. Eles não arredaram pé. Não olharam para trás com incredulidade. Não duvidaram da promessa. Por isso, receberam a bênção. Os céus se abriram e o fogo de Deus caiu sobre eles. As torrentes do céu inundaram o coração deles. A vida deles foi tocada e transformada para sempre por causa dessa espera perseverante.

Depois de triunfar sobre os profetas de Baal no monte Carmelo, depois de ver o fogo de Deus cair sobre o holocausto e o povo cair de joelhos, proclamando que só o Senhor é Deus, depois de testemunhar o triunfo de Deus sobre os ídolos abomináveis que escravizavam Israel, Elias subiu ao cume do monte. Lá meteu a cabeça entre os joelhos. Clamou a Deus pelo derramamento das chuvas. Havia três anos e meio que não chovia sobre a terra. Reinava a fome. A calamidade era geral. Elias, mesmo sendo um homem semelhante a nós, perseverou na oração. Clamou a Deus com insistência. Na sétima vez, viu um pequeno sinal, uma nuvem do tamanho

44 Pentecoste, o fogo que não se apaga

da palma de uma mão e creu que Deus mandaria uma chuva torrencial. A chuva caiu. A terra floresceu e frutificou, porque Elias perseverou em buscar Deus.

Naamã, comandante do exército da Síria, só foi curado de sua lepra quando deixou de lado sua própria metodologia e resolveu obedecer à ordem do profeta Eliseu, mergulhando no rio Jordão sete vezes. Se ele tivesse desistido na sexta vez, teria voltado leproso para a Síria. Importa perseverar. Perseverar é obedecer.

Muitas vezes, começamos uma reunião de oração com entusiasmo, mas logo desanimamos. Pregamos sobre avivamento, mas logo deixamos de lado o assunto. Colocamos a mão no arado, mas logo olhamos para trás. Visitei a Missão Kwa Sizabantu, na África do Sul, em 1991, e li também sobre a história do grande avivamento que Deus deu ao povo zulu em 1966 pela instrumentalidade do pastor Erlo Stegen. Foram catorze anos de busca. Muitas vezes eles foram tentados a desistir. Houve tempos de desânimo, mas eles prosseguiram. Nos três meses que antecederam a chegada do avivamento, eles só conseguiam chorar em suas reuniões de oração, três vezes ao dia. Mas como a terra estava seca e os corações estavam sedentos, permanecendo na busca, Deus enviou sobre eles torrentes caudalosas do Espírito com resultados colossais que pudemos ver e ouvir.

Deus visitou aquele povo com grande poder. Vi ali um templo para quinze mil pessoas, construído numa fazenda, com três cultos por dia. Caravanas desabalavam de todos os recantos do mundo, para ir àquele lugar, para ver o que Deus estava fazendo. Cegos viram, coxos andaram, mortos ressuscitaram, feiticeiros foram convertidos e uma torrente de pessoas quebrantadas vieram à fonte da salvação em Cristo.

4. RESULTADO DA EXPECTATIVA DE UMA VIDA CHEIA DE PODER

... até que do alto sejais revestidos de poder (Lc 24.49).

O que você espera da sua vida cristã? Você tem anseios? Aspira a algo maior? Busca uma vida abundante? Anela pela plenitude do Espírito com todas as forças da sua alma? Não há nada mais perigoso para o cristão do que viver satisfeito consigo mesmo. A estagnação e o conformismo são perigos ameaçadores à vida cristã saudável. O comodismo é letal.

Muitas pessoas se contentam com migalhas, enquanto os celeiros de Deus estão abarrotados. Os mananciais de Deus são inesgotáveis. Os recursos de Deus para nós são ilimitados. Ele tem para nós vida abundante. Os rios de água viva podem fluir do nosso interior. Há vestes alvas e óleo fresco para a

46 PENTECOSTE, O FOGO QUE NÃO SE APAGA

nossa cabeça. Temos à disposição a suprema grandeza do poder de Deus, o mesmo poder que ressuscitou Jesus dentre os mortos. Não há escassez da parte de Deus. Enquanto tivermos vasilhas vazias, o azeite de Deus não cessará de jorrar. Enquanto nosso coração estiver sedento de Deus, ansioso por buscar sua face e aberto para receber a sua unção, não faltará orvalho do céu sobre nós, nem o bálsamo de Gileade sobre a nossa cabeça. Deus não despede de mãos vazias aqueles que nele esperam. Ele não decepciona aqueles que o buscam. Aqueles discípulos estavam aguardando não a perpetuação da escassez, não a continuação da crise, não o prolongamento da aridez espiritual que os assolava. Estavam buscando com avidez um derramamento do Espírito, uma qualidade superior de vida, uma experiência mais profunda com o poder de Deus.

Como você se encontra na vida cristã? Acomodado? Você espera mais de Deus? Quer mais do seu Espírito? Busca com sofreguidão uma vida de poder? Não podemos fazer das nossas experiências o referencial para aquilo que Deus nos pode dar. Ele pode fazer infinitamente mais. Não podemos colocar limites ao poder de Deus. Não podemos engessar Deus dentro dos nossos estreitos limites.

No passado muitos homens de Deus experimentaram coisas tremendas e extraordinárias porque ousaram crer e buscar as riquezas insondáveis do evangelho de Cristo e a plenitude do poder do Espírito. Foi essa busca de poder que fez de George Whitefield o maior pregador ao ar livre do século 18. Foi essa sede de vida plena que fez de John Wesley o grande avivalista que sacudiu a Inglaterra e tirou o país das cinzas de uma crise avassaladora. Foi o poder do céu que fez do jovem David Brainerd o maior referencial de vida piedosa no século 18, a ponto de John Wesley considerar a leitura do diário pessoal de Brainerd a obra mais importante a ser lida por um pregador. Foi esse revestimento de poder que transformou o vendedor de sapatos Dwight Moody no maior evangelista de todos os tempos.

Hoje vemos muitas vertentes religiosas pregando um poder que vem de dentro do homem. Isso não é cristianismo; é budismo. O poder que precisamos não vem de dentro, mas do alto, do céu, de Deus.

5. RESULTADO DE ORAÇÃO FERVOROSA

Todos estes perseveravam unânimes em oração... (At 1.14).

Todo o grupo dos cento e vinte discípulos estava irmanado no mesmo objetivo. Ninguém ficou de fora daquela reunião de oração. Não houve desistência no meio do caminho. Todos perseveraram. Hoje, muitas vezes, temos ânimo para começar uma reunião de oração, temos arrojo para conclamar as pessoas, mas não temos fibra para

48 Pentecoste, o fogo que não se apaga

perseverar. É fácil começar. É fácil ter entusiasmo quando a situação é favorável. Mas Deus busca em nós persistência.

Abraão insistiu com Deus para não destruir os justos junto com os ímpios em Sodoma. Deus ouviu a sua oração e tirou Ló de lá. Elias insistiu com Deus no cume do Carmelo e orou sete vezes até a chuva torrencial cair sobre a terra seca de Israel. Os discípulos passaram dez dias perseverando em oração. Eles não desistiram. Oraram até que veio sobre eles, com grande poder, o derramamento do Espírito. Mas eles não estavam apenas juntos. Não foi mera perseverança que marcou aquela extraordinária reunião de oração. Eles oraram unânimes. Havia acordo sobre o assunto da oração. Era como se fosse uma só alma diante de Deus. Eles estavam afinados pelo diapasão do céu. Eles tinham um só coração, um só propósito. Todos oravam na mesma direção, aguardavam a mesma promessa, buscavam o mesmo revestimento de poder.

Hoje temos gigantes do saber no púlpito e pigmeus na vida de oração. Pastores indolentes não sabem o que é agonia de alma, nem jamais experimentaram o que é lutar com Deus em oração como Jacó. E. M. Bounds disse no seu clássico livro *O poder através da oração* que "homens mortos tiram de si sermões mortos, e sermões mortos matam". Lutero, o grande reformador alemão, já dizia que "sermão sem unção endurece o coração". C. H. Spurgeon dizia que toda a sua vasta biblioteca nada era diante do altar sagrado de sua sala de oração. Abraham Kuyper, grande teólogo, educador e político holandês, afirmou que, "se os pastores não forem homens de oração e não honrarem o Espírito Santo em sua vida e ministério, darão aos seus rebanhos pedra em vez de pão". É verdadeiro o refrão que citamos em nossas igrejas: "Muita oração, muito poder; pouca oração, pouco poder; nenhuma oração, nenhum poder". Na verdade, bancos vazios de oração fazem púlpitos sem poder.

C. H. Spurgeon, ao pregar sobre o texto de Atos 1.14, disse: "Como esperar o Pentecoste se nem ainda fomos despertados para orar? Primeiro, vem a igreja toda, unânime, perseverando em oração, só depois vem o Pentecoste".

Em 1997, junto com oitenta pastores brasileiros, tive a oportunidade de conhecer a Coreia do Sul. Visitamos onze igrejas evangélicas em Seul, sendo nove presbiterianas, uma metodista e uma da Assembleia de Deus. Igrejas de cinco mil, dez mil, doze mil, dezoito mil, trinta mil, cinquenta e cinco mil, oitenta e dois mil e setecentos mil membros. Fiquei impressionado com o grande vigor espiritual daquelas igrejas. Em cada uma delas, recebemos uma palestra especial do pastor titular sobre os princípios de crescimento da igreja. Ficamos impressionados pelo fato de todos eles afirmarem categoricamente que o maior motivo do grande crescimento da igreja evangélica na Coreia do Sul

50 PENTECOSTE, O FOGO QUE NÃO SE APAGA

é o profundo compromisso dos crentes com a vida de oração.

Nenhuma igreja é considerada evangélica na Coreia do Sul se não tiver reunião diária de oração pela madrugada. Se um seminarista faltar a duas reuniões de oração de madrugada no seminário, salvo por motivos imperativos, não serve para ser pastor. Nenhum membro, em geral, ora menos que uma hora por dia. Nenhum líder da igreja ora menos de duas horas por dia. Nenhum pastor, salvo raras exceções, ora menos de três horas por dia.

Visitamos a maior igreja metodista do mundo, com oitenta e dois mil membros. O pastor fundador ainda é o pastor titular da igreja. Ele nos disse que o segredo do crescimento da igreja é a sua vida abundante de oração e a oração fervorosa de toda a sua vasta congregação.

O pastor David Yonggi Cho, cuja igreja é a maior do mundo, com setecentos mil membros, começou seu pastorado em 1958, e agora sua igreja está espalhada em diversas nações da terra. Ele documenta fartamente em seus livros que gasta 70% do seu tempo em oração e meditação da palavra.

Além das reuniões diárias de oração no templo, as igrejas investem na construção de acampamentos de oração e treinamento, onde fazem cavernas de oração e para onde o povo vai derramar sua alma diante de Deus.

Visitamos a Igreja Presbiteriana Myung Sung, com cinquenta e cinco mil membros. Essa igreja tem quatro reuniões de oração pela manhã: uma das quatro às cinco; outra, das cinco às seis; outra, das seis às sete; e, finalmente, outra das sete às oito horas. Fiquei comovido ao participar de uma dessas reuniões, no horário das cinco às seis da manhã. Ao aproximar-nos do templo, vimos as pessoas correndo com a Bíblia na mão em direção ao templo. Quando chegamos ao pátio da igreja, centenas de carros e ônibus estavam estacionados. Os diáconos, bem trajados, cuidavam da boa ordem do estacionamento. Quando entramos no templo, ele estava superlotado, coral togado, pastor no púlpito, como se fosse dia de grande festa. Contei no carpete, em frente ao púlpito, oitenta pessoas assentadas, porque não havia mais lugar no templo. Mais de cinco mil pessoas ali reunidas. Isso quatro vezes por dia. Quando aquela multidão começou a orar, parecia o murmúrio de muitas águas. Não consegui conter as lágrimas que rolavam pelo meu rosto ao perceber o fervor com que eles buscavam a face de Deus.

Quando um dos membros da nossa caravana questionou um dos pastores a respeito de a oração matinal dos coreanos ser um fator cultural, ele respondeu: "Em todo o mundo as pessoas levantam cedo para ir para a escola, para o trabalho, para tratar de seus interesses e para ganhar dinheiro. Nós entendemos que Deus merece o melhor e as primícias. Se Deus é a maior prioridade da nossa vida, então procuramos mostrar isso buscando a sua face bem cedo de manhã".

Perguntaram a David Yonggi Cho qual seria a melhor estratégia que um pastor deveria usar para levar a sua igreja a tornar-se uma igreja de oração. Ele respondeu: "A única maneira de levar uma igreja a orar é o pastor dela ser um homem de oração". Por esse motivo, quando perguntaram a Dwight Moody qual era, para ele, o maior obstáculo ao avanço da obra, ele respondeu: "O maior obstáculo da obra são os obreiros". E disse mais: "Moody é o maior inimigo de Moody".

Se os pastores forem gravetos secos a pegar o fogo do Espírito, o povo todo começará a arder. Se o púlpito for uma fogueira, a igreja será cheia do calor do Espírito. Perguntaram a Moody certa vez: "Sr. Moody, como começar um avivamento na igreja?" Ele respondeu: "Acenda uma fogueira no púlpito".

Martyn Lloyd-Jones afirmou que "o Pentecoste é derramado sobre algo que está pronto. A unção do Espírito derrama-se sobre a preparação. Elias erigiu um altar, em seguida cortou a lenha e arrumou-a sobre o altar. Então, matou o novilho, cortou-o em pedaços e colocou-os sobre a lenha. Tendo feito tudo isso, orou para que descesse fogo; e o fogo desceu. Essa é a ordem das coisas".

Na hora em que nossa vida estiver preparada, o fogo de Deus descerá sobre nós. Quando o caminho de Deus for preparado e os vales forem aterrados, os montes nivelados, os caminhos tortos endireitados e os escabrosos aplainados, então toda a carne verá a salvação de Deus. É quando a igreja cai de joelhos em oração perseverante e unânime que o fogo do Espírito cai sobre a igreja. É depois que a igreja acerta a sua vida que o cumprimento da promessa se concretiza.

No ano de 1996, fui convidado a pregar numa igreja batista em Pavuna, na Baixada Fluminense, no Rio de Janeiro. O calor era sufocante. O sol estava escaldante. Pensei que, numa quinta-feira, com tamanho calor, encontraria uma pequena igreja sem muita motivação para cultuar. Quando cheguei ao local, vi um templo gigantesco. Ninguém havia chegado. Só o pastor estava no gabinete. Com fidalguia ele me acolheu e foi logo dizendo que o culto seria maravilhoso e que ele esperava naquela noite cerca de três mil pessoas. O meu coração foi tocado. Tivemos naquele culto mais de três mil pessoas, sob um calor asfixiante, mas uma multidão exultante e cheia da alegria do Espírito. Perguntei àquele pastor qual era o segredo do crescimento de sua igreja. Ele me respondeu: "Esta igreja leva a sua vida de oração a sério. Este povo põe o rosto em terra e clama, e Deus abre as janelas do céu e todos os dias acrescenta as pessoas que vão sendo salvas". Na verdade, Deus nunca mudou de método. Se queremos a visitação poderosa de Deus, o derramamento do Espírito, o Pentecoste, precisamos orar, orar e orar, até que do Alto sejamos revestidos de poder. Quando a igreja pega fogo, o fogo do Espírito, as pessoas são atraídas para ela de forma irresistível.

3

O CONTEÚDO DO PENTECOSTE

O Pentecoste veio porque uma congregação de cento e vinte pessoas estava unida, coesa, unânime, perseverando na busca do mesmo ideal (At 1.14; 2.1). Havia unidade de propósitos. Hoje há ajuntamento, mas pouca comunhão; há orações, mas pouca concordância; muita coreografia, mas pouco quebrantamento; muito movimento, mas pouca adoração; muita agitação, mas pouco louvor; muita verborragia, mas pouca unção; muitos buscam o derramamento do Espírito, mas outros puxam para trás.

Quero abordar o conteúdo do Pentecoste sob dois aspectos:

1. EXPERIÊNCIA PESSOAL DE ENCHIMENTO DO ESPÍRITO SANTO

Aqueles discípulos já eram regenerados e salvos. Por três vezes, Jesus deixou isso muito claro (Jo 13.10; 15.3; 17.12). Portanto, eles já possuíam o Espírito Santo, pois, *se alguém não tem o Espírito de Cristo, esse tal não é dele* (Rm 8.9). Jesus disse a Nicodemos que aquele que não nascer da água e do Espírito não pode entrar no Reino de Deus (Jo 3.5).

Além disso, Jesus já havia soprado sobre os Onze, dizendo-lhes: *Recebei o Espírito Santo* (Jo 20.22). Mas, a despeito de já serem salvos, terem o selo do Espírito e receberem o sopro do Espírito, eles ainda não estavam cheios do Espírito.

Uma coisa é ter o Espírito residente; outra, é tê-lo presidente. Uma coisa é ser habitado pelo Espírito; outra, é ser cheio do Espírito. Você, que tem o Espírito, já está cheio dele? Sua vida é controlada por ele? O fruto do Espírito pode ser visto na sua vida? A unção do Espírito está sobre a sua cabeça? O poder do Espírito está sobre você? Quando você abre os lábios, a palavra de Deus é verdade na sua boca?

Quando o missionário presbiteriano John Hyde estava indo para a Índia, recebeu um telegrama a bordo do navio. Abriu-o sofregamente. Havia uma pergunta lacônica e perturbadora: "John Hyde, você está cheio do Espírito Santo?" Ele ficou irritado com a petulância e audácia da pergunta. Amarrotou o telegrama, enfiou-o no bolso e tentou escapar da intrigante pergunta. Procurou justificar para si mesmo que a pergunta não tinha razão de ser, visto que ele estava indo para um campo missionário, abrindo mão de tantas regalias, a fim de embrenhar-se em terras longínquas e obscuras. Todavia, ao entrar em seu aposento, o dedo de Deus o tocou e a pergunta começou a arder em seu coração: "John Hyde, você está cheio do Espírito Santo?" Foi então que ele caiu de joelhos, em lágrimas, e clamou a Deus por um derramamento do Espírito em sua vida. Ele foi profundamente influenciado por essa oração. Experimentou algo especial da parte de Deus. Ao chegar à Índia, em apenas três anos viu mais de mil pessoas rendendo-se a Cristo através do seu ministério.

A experiência do enchimento do Espírito Santo é pessoal (At 2.3,4). O Espírito Santo desce sobre cada um individualmente. Cada um vive a sua própria experiência. Ninguém precisa pedir, como as virgens néscias, azeite emprestado. Todos estão cheios do Espírito!

O Espírito veio em forma de vento para mostrar sua soberania, sua liberdade e sua inescrutabilidade. O Espírito, assim como o vento, sopra onde quer, da forma que quer, em quem quer. Ninguém pode cercar ou deter o vento. Ele é misterioso. Ninguém sabe de onde ele vem nem para onde vai. Seu curso é livre e soberano. Deus não se submete à agenda dos homens. Ele não se deixa domesticar. Ele não pode ser pressionado. Ele é Deus. Está no trono e faz todas as coisas conforme o conselho da sua vontade.

O Espírito veio em forma de línguas de fogo. O fogo ilumina, purifica, aquece e se alastra. Jesus veio para lançar fogo sobre a terra. Hoje a igreja, em geral, está fria. Parece uma geladeira a conservar a sua religiosidade intacta, e não uma fogueira a inflamar os corações. Muitos crentes parecem mais barras de gelo que brasas vivas.

Benjamin Franklin gostava de ouvir George Whitefield porque podia vê-lo arder diante dos seus olhos. Deus disse ao profeta Jeremias: "Eis que eu converterei em fogo as minhas palavras na tua boca" (Jr 5.14).

Mas a tendência do fogo é se apagar. Onde não há combustível, o fogo se apaga. É por isso que, cinco vezes, em Levítico 6, Deus instruiu a que não se deixe o fogo apagar sobre o altar. Deus acende o fogo, mas nós devemos mantê-lo aceso. O apóstolo Paulo, nessa mesma direção, exorta Timóteo, o seu filho na fé, a reavivar o seu dom (2Tm 1.6). A palavra "reavivar" refere-se ao uso de foles para fazer com que volte a chamejar o fogo prestes a apagar. O general William Booth, fundador do Exército de Salvação, insistia sempre com o seu povo: "A tendência do fogo é apagar-se; vigiem o fogo no altar do seu coração".

Precisamos de uma igreja inflamada. Quando a igreja perde o fogo do Espírito, os pecadores perecem no fogo do inferno. Só uma igreja aquecida pelo fogo de Deus pode arrebatar as pessoas do fogo da condenação.

Não basta arrumar a lenha e a oferta no holocausto. É preciso fogo e, quando o fogo cai, o povo cai de joelhos, gritando: "Só o SENHOR é Deus, só o SENHOR é Deus". Precisamos da gloriosa experiência de enchimento do Espírito que nos faz arder de amor por Deus. Precisamos do enchimento do

Espírito para viver de modo digno de Deus, com gratidão, louvor e submissão.

Quando os discípulos ficaram cheios do Espírito, começaram a falar das grandezas de Deus (At 2.4,11). Todos começaram a glorificar a Deus. Não havia espaço para palavras torpes e maliciosas. Acabaram-se as intrigas. Cessaram as acusações. Toda a visão pessimista acabou. Eles estavam cheios de entusiasmo e vibração, falando das grandezas de Deus.

Precisamos de um Pentecoste que tire da igreja toda murmuração, toda palavra e atitude de derrota. Há muitos na igreja que só veem as coisas através de lentes embaçadas. São pessoas que passam o tempo todo reclamando da vida, da família que têm, da igreja que frequentam. São pessoas que jogam contra o patrimônio, que puxam para baixo, que remam no sentido oposto, que são sempre do contra. Essas pessoas são arautos do caos, profetas do desastre, embaixadores do pessimismo.

Precisamos de um Pentecoste que tire a igreja do pântano do desânimo, da cova da murmuração e do calabouço do negativismo. Precisamos abrir a boca para falar das grandezas de Deus. Precisamos proclamar as possibilidades infinitas de Deus. Precisamos abençoar as pessoas e engrandecer o nome excelso do Senhor. Precisamos ser um povo mais ousado, mais otimista e mais entusiasmado!

2. EXPERIÊNCIA PESSOAL DE REVESTIMENTO DE PODER (Lc 24.49; At 1.5,8)

Não há cristianismo sem poder. O evangelho que abraçamos é o poder de Deus para todo o que crê (Rm 1.16). O Espírito Santo que recebemos é Espírito de poder (2Tm 1.7). O reino de Deus, que está dentro de nós, não consiste em palavras, mas em poder (1Co 4.20). A pregação da palavra precisa ser feita com poder (1Ts 1.5; 1Co 2.4).

O próprio Jesus, mesmo sendo Filho de Deus, não abriu mão desse poder. Quando foi batizado no rio Jordão, o céu se abriu, o Pai falou e o Espírito Santo desceu sobre ele, revestindo-o de poder para o ministério (Lc 3.21,22). Dali, Jesus foi para o deserto, conduzido pelo Espírito, cheio do Espírito, onde jejuou e orou durante quarenta dias. Ali no deserto o diabo usou todo o seu arsenal para tentar Jesus. Lançou sobre ele todos os seus torpedos mortíferos. Mas foi fragorosamente derrotado (Lc 4.1-11). Do deserto, Jesus saiu vitorioso e, cheio do Espírito, retornou à Galileia (Lc 4.14). Entrou na sinagoga de Nazaré e tomou o livro de Isaías nas mãos, para revelar ao povo que o Espírito de Deus estava sobre ele, ungindo-o para pregar, curar e libertar (Lc 4.17,18). Toda a vida de Jesus e todo o seu ministério aconteceram sob a unção do Espírito Santo (At 10.38). O Espírito Santo esteve presente até mesmo na sua morte (Hb 9.14) e na sua ressurreição (Rm 8.11).

Se Jesus, sendo Deus, não prescindiu do poder do Espírito, tampouco nós podemos fazê-lo. Não basta apenas conhecer as Escrituras; é preciso experimentar o poder de Deus (Mt 22.29). Não basta apenas ter a cabeça cheia de luz; é preciso ter o coração cheio de fogo. Não basta apenas ter boa teologia; é preciso ter unção do Espírito. Não basta apenas ter boa organização; é preciso ter óleo na engrenagem. A igreja sem a unção e o poder do Espírito é como um vale de ossos secos.

Sem o poder do Espírito, poderemos ter igrejas grandes, mas não igrejas vivas. Sem o poder do Espírito, poderemos ter grandes templos, mas não congregações santas. Sem o poder do Espírito, poderemos ter um culto solene e pomposo, mas não convicção de pecado e sede de Deus. Sem o poder do Espírito, poderemos realizar grandes obras, mas não estender as estacas do reino de Deus. Jesus foi categórico ao determinar que os discípulos não deveriam aventurar-se no ministério antes de serem revestidos com o poder do Espírito (Lc 24.49). Eles não estariam aptos para os desafios do testemunho sem o poder do Espírito (At 1.5,8).

Mas precisamos agora perguntar: poder para quê? Há muita gente buscando poder com motivações erradas. Querem poder para se autopromoverem. Querem poder para se tornarem famosos. Querem poder para receberem os aplausos dos homens. Querem poder para se tornarem grandes e ricos, influentes e respeitados. Não

62 PENTECOSTE, O FOGO QUE NÃO SE APAGA

buscam a glória de Deus; estão atrás de prestígio e recompensas.

Quando olhamos para o livro de Atos, percebemos as razões pelas quais Jesus evidencia a necessidade que a igreja tem de poder:

Poder para sacudir o jugo do medo (Jo 20.19; 2Tm 1.7)

Há muitos hoje que vivem no calabouço do medo, como os discípulos antes do Pentecoste, trancados, encavernados, paralisados. É gente que tem medo de viver, medo de morrer, medo de testemunhar, medo de casar e medo de descasar. Medo de ficar doente e medo de ir ao médico. Medo de entrar na faculdade e medo de bater à porta de um emprego. Medo de ficar desempregado e medo de se aposentar. Medo de ficar sozinho e medo de compartilhar a vida com alguém. Medo do real e medo do irreal. Medo de encarar a vida e medo de enfrentar a eternidade. Medo de assaltos e medo da polícia. Medo de viajar e medo de ficar em casa. Medo de perder a popularidade e medo de ser autêntico. Sim, as pessoas vivem hoje cheias de fobias. Precisamos de poder do céu para vencer nossos medos e traumas. Só através do poder do Espírito podemos sair de trás das nossas portas trancadas. Só recebendo o Espírito de poder, baniremos a covardia e o medo que nos assombram.

A falta de poder nos faz encolher diante do mundo. Preferimos o conforto do templo aos desafios das ruas. Preferimos armar nossas tendas no monte do que descer aos vales onde há tanta gente aflita e necessitada. Preferimos nos reunir semana após semana para discutir nossas doutrinas a ir lá fora onde os pecadores estão para levar a eles a esperança do evangelho. Preferimos discutir sobre o evangelho a proclamá-lo com entusiasmo. Oh, a igreja está trancada dentro de quatro paredes enquanto o mundo geme na agonia de sua desesperança. Em vez de irmos ao mundo, esperamos que as pessoas venham a nós. Em vez de irmos para o fundo a fim de lançarmos as redes, preferimos fazer uma pescaria de aquário.

Poder para tirar os olhos da especulação para a ação (At 1.8)

Quando Jesus falou aos discípulos sobre o batismo com o Espírito e a promessa do Pai pela qual deveriam aguardar (At 1.4,5), eles logo passaram a cogitar sobre tempos e épocas, ou seja, sobre o *kronos* e o *kairos* (At 1.6,7). Eles começaram a entrar no campo da especulação escatológica. Acharam que Jesus estava falando de um tempo em que o domínio de Roma seria subjugado pelo poder político de Jesus. Entretanto, Jesus muda o rumo dessas expectativas e evidencia com diáfana clareza que eles receberiam poder não para fazer profundas lucubrações ou incursões no campo da especulação teológica, mas para agir, para colocar a mão no arado e fazer a obra.

Muitas vezes, a igreja se reúne para discutir opiniões, mas não age. Faz todo o tipo de treinamento, mas não sai a campo. Há crentes que frequentam todos os congressos de reciclagem e aprendem todos os métodos de evangelismo, mas nunca saíram de casa para evangelizar. São capazes de andar mil quilômetros para ir a um congresso de evangelização, são capazes de sair de casa para o templo mil vezes, mas são incapazes de atravessar a rua e falar de Jesus para um vizinho. As pessoas estão buscando poder para o seu próprio deleite, para o seu próprio conforto, para a exaltação do seu próprio nome. Por isso, vemos muita religiosidade, mas pouca vida; muita ortodoxia, mas pouco poder; muita discussão, mas pouco trabalho; muito barulho, mas pouco resultado.

Com tristeza vemos muitos na igreja com a cabeça enorme e o corpo raquítico. Pessoas que estudam, pesquisam, mergulham nas águas mais profundas do saber, tornam-se adestradas no conhecimento, mas inaptas no trabalho. Sabem, mas não fazem. Passam a vida se aquecendo, se preparando, mas nunca entram em campo. Conhecem a Bíblia de capa a capa, mas nunca compartilham o seu conteúdo com outras pessoas. São mestres afiados para discutir todas as doutrinas, para diagnosticar todas as novidades emergentes no mercado da fé, para vigiar como guardiões os depósitos sagrados, mas são verdadeiros sarcófagos, fechados hermeticamente como um túmulo; deles não transpira a vida de Deus, deles não se ouve a voz de Deus, eles não sabem conjugar o verbo trabalhar, porque na escola da vida só fizeram conjecturas e especulações e nunca agiram no poder de Deus.

Poder para morrer (At 1.8)

Jesus falou que precisamos de poder não apenas para viver, mas também para morrer. A palavra *testemunhas* em Atos 1.8 vem do grego *martiria,* de onde se origina a nossa palavra "mártir". Precisamos de poder para morrer, pois quem não está preparado para morrer não está preparado para viver. Ser cristão no tempo dos apóstolos não era símbolo de prestígio político, mas de perseguição, espólio, prisão e morte. Declarar-se cristão era algo arriscado e perigoso. Podia significar abandono, cadeia e morte.

Muitos cristãos foram presos, torturados, saqueados e mortos com requintes de crueldade por causa da sua fé. Muitos soldados de Cristo tombaram no campo de batalha e sofreram doloroso martírio por causa da sua fidelidade a Cristo. Muitos perderam a família, os bens e a própria vida, sendo jogados nas arenas, enrolados em peles de animais, dilacerados pelas dentadas dos cães. Outros foram pisoteados e rasgados pelos touros enfurecidos.

66 PENTECOSTE, O FOGO QUE NÃO SE APAGA

Não poucos foram destroçados pelos esfaimados leões da Líbia ou traspassados pelas espadas dos gladiadores. Miríades de crentes morreram queimados; outros, crucificados. Muitos foram afogados, estrangulados ou decapitados por causa da sua fé em Cristo. Desde Estêvão, o protomártir do cristianismo, Tiago, Paulo, Policarpo, a viúva Felicidade, a jovem senhora Perpétua, a escrava Blandina e milhares de outros, como Jan Huss, Jerônimo Savonarola, completam a galeria dos heróis da fé que, por amor a Deus, fidelidade a Jesus e compromisso com o evangelho, selaram com o próprio sangue o testemunho da cruz!

Sem o poder do Espírito, tornamo-nos covardes como Pedro na casa do sumo sacerdote Anás. Sem o poder do Espírito, perdemos a intrepidez de falar do evangelho diante das ameaças do mundo. Mas, quando somos revestidos com esse poder, força nenhuma nos detém, os açoites não nos intimidam, as prisões não nos amordaçam nem a morte nos abala (At 4.18-31). Foi esse poder que sustentou Paulo como um arauto na prisão até a morte. Foi esse poder que sustentou Estêvão diante do martírio. Foi esse poder que capacitou Jan Huss a enfrentar com serenidade a fogueira. Foi esse poder que encorajou Lutero a ir a Worms e dar firme testemunho da sua fé. Precisamos de poder para viver com Jesus e para morrer para Jesus.

Uma das coisas que marcaram profundamente a minha vida foi visitar o museu dos mártires, em Seul, na Coreia do Sul. A igreja evangélica coreana cresceu num solo regado pelo sangue dos mártires. Milhares de crentes foram castigados até a morte, com requintes de crueldade, na época da ocupação japonesa. Pastores, às centenas, foram decapitados às margens do rio Han. Mais tarde, na fratricida guerra contra a Coreia do Norte, outras centenas de crentes morreram por sua fidelidade a Cristo. Nesse museu, vimos numa enorme sala quadros singelamente emoldurados com as fotografias de centenas de mártires. Em cada quadro havia um breve histórico com o relato da vida, das obras, do ministério e sobretudo da maneira cruel com que cada pessoa foi torturada e morta pela sua fé. Ali naquela sala chorei ao ver que muitos daqueles mártires morreram sem ver o grande avivamento que Deus enviou sobre a Coreia do Sul. Deus honra o sangue dos mártires. Como dizia Tertuliano, o sangue dos mártires é o adubo para a sementeira do evangelho. Depois de observar atentamente todos aqueles quadros, já na saída da sala, aproximei-me do último quadro. A moldura era a mesma, mas não havia fotografia. Quando fiquei de frente para ele, havia no lugar da fotografia um espelho. Vi o meu próprio rosto e, embaixo, uma frase lapidar: "Você pode ser o próximo mártir". As lágrimas rolaram em meu rosto. Reconheci que precisava ser revestido com o poder do Espírito para ser um mártir de Jesus!

Poder para viver em santidade (At 3.4)

Pedro e João disseram ao paralítico em Jerusalém: *Olha para nós* (At 3.4). Essa é uma afirmação ousada, audaciosa. Só quem anda com Jesus, quem é revestido com o poder do Espírito, pode ter tamanha intrepidez. Hoje assistimos a um hiato, um abismo, um divórcio entre o que as pessoas falam e o que elas fazem. Vemos gente santarrona exibindo belas palavras para a igreja e vivendo em práticas pecaminosas e abomináveis em secreto. Observamos pastores que cobram de seu rebanho uma vida santa e vivem sua intimidade regaladamente no pecado. Assistimos líderes que tratam a igreja com rigor e dureza, mas cultivam a devassidão moral na vida privada. Contemplamos obreiros zelosos, atentos aos detalhes da lei, mas condescendentes com o pecado na vida particular.

É alarmante perceber o grande surto de decadência moral entre os líderes evangélicos nesses dias. Centenas de pastores têm capitulado e naufragado no mar agitado da paixão sexual. A juventude evangélica tem sido achatada pela avalanche dos novos conceitos morais, que desconhecem limites e odeiam toda sorte de absolutos éticos. Muitas vezes, tentamos driblar a nossa própria consciência, dizendo às pessoas: "Vocês não podem olhar para o pastor, nem para o presbítero, nem para o diácono, nem para as mulheres da igreja, muito menos para os jovens. Vocês precisam olhar só para Jesus". Não queremos ser modelos. Não queremos ser luz. Não queremos pagar o preço de ser santos. Paulo disse à igreja de Corinto: *Sede meus imitadores, como também eu sou de Cristo* (1Co 11.1).

A igreja precisa pregar não apenas aos ouvidos, mas também aos olhos. Precisa proferir não apenas belos discursos, mas também viver em santidade. Não basta que as pessoas ouçam de nós belos sermões; elas precisam ver vida santa. O diácono Filipe, ao chegar à cidade de Samaria, viu ali um grande avivamento, e as multidões atendiam, unânimes, às coisas que ele dizia. Mas por quê? Qual era a razão da eficácia do ministério de Filipe? É que Filipe falava e fazia. Ele pregava e demonstrava. Ele pregava aos ouvidos e também aos olhos (At 8.6).

Quando João Batista enviou seus emissários para interrogar Jesus se ele era de fato o Messias, o mestre mandou dizer: *Ide e anunciai a João o que estais ouvindo e vendo: os cegos veem, os coxos andam, os leprosos são purificados, os surdos ouvem, os mortos são ressuscitados, e aos pobres está sendo pregado o evangelho* (Mt 11.4,5). Jesus pregou aos ouvidos e aos olhos. Ele falou e fez. Sua vida era avalista de suas palavras.

Quando o paralítico abordou Pedro e João na entrada do templo, eles não fizeram um discurso, mas disseram: *Olha para nós* (At 3.4). A vida da igreja precisa falar mais alto que o seu discurso. Onde não há vida, a palavra é desacreditada, o discurso é vazio e inócuo. Sem santidade, não existe pregação eficaz. Sem santidade, não existe ministério ungido. Sem santidade, não podemos ser boca de Deus (Jr 15.19). Sem santidade, o bastão profético em nossas mãos não tem nenhum valor, como aconteceu no caso de Geazi (2Rs 4.31). A palavra de Deus é verdade em nossos lábios quando vivemos na presença dele e fazemos a sua obra, no poder do seu Espírito (1Rs 17.1,24).

A igreja hoje, mais do que nunca, está precisando de vestes alvas, de vida limpa, de mãos purificadas, de pés lavados, de coração íntegro. O mundo tem influenciado mais a igreja do que a igreja ao mundo. Porque a igreja tem deixado de ser luz no mundo, o mundo tem entrado dentro dela. Em vez de a igreja convocar o mundo ao arrependimento, é o mundo que tem denunciado os pecados da igreja. A mídia veicula mais os escândalos da igreja do que suas virtudes. A igreja tem amado o mundo, sido amiga do mundo e se conformado a ele. Os cristãos estão se envolvendo nas mesmas práticas reprováveis daqueles que não conhecem Deus.

A ética de muitos cristãos é relativa e situacional, à semelhança das pessoas que não conhecem os absolutos da palavra de Deus. Os estudantes cristãos, não poucas vezes, utilizam o expediente imoral da cola para auferir boas notas nas provas. Os empresários cristãos nem sempre são transparentes e éticos em suas transações comerciais. Suas empresas não suportariam uma devassa como a que ocorreu na vida do profeta Daniel. Os políticos evangélicos, não raro, envolvem-se em esquemas de corrupção. Os jovens cristãos estão se entregando à sensualidade descontrolada no namoro, à semelhança dos gentios que não conhecem Deus (1Ts 4.3-8). O vestuário indecoroso, sumário, apelativo e sensual, ditado pela moda, nem sempre é evitado pelas mulheres e jovens cristãs. A vida sexual do povo de Deus tem sido contaminada pelo lixo dos filmes pornográficos que, como coisas abomináveis, entram nos lares cristãos (Dt 7.26). As famílias evangélicas estão mergulhadas nas mesmas crises conjugais que as não cristãs. Os casamentos estão sendo desfeitos nas barras dos tribunais por motivos fúteis, e não por razões bíblicas que justifiquem o divórcio e um novo casamento. Assim, estamos abrindo as portas para verdadeiros adultérios institucionalizados (Mt 19.9).

A igreja não pode estar bem se a vida privada do povo está em crise. Não adianta existir ajuntamento solene se a vida particular das pessoas que se reúnem está em decadência (Is 1.15). Deus não aceita o culto da igreja, ainda que animado e alegre, se esse mesmo povo está vivendo em pecado (Am 5.23). É inútil acender o fogo do altar e abrir as portas da igreja se os adoradores não levam Deus a sério (Ml 1.10). Quando Deus rejeita o adorador, a oferta também não pode ser aceita (Gn 4.3-7). Por outro lado, a qualidade da oferta é um reflexo da vida do adorador (Ml 1.9). Deus busca

72 PENTECOSTE, O FOGO QUE NÃO SE APAGA

adoradores que o adorem em espírito e em verdade (Jo 4.24). Deus quer *verdade no íntimo* (Sl 51.6), *espírito quebrantado* e *coração compungido e contrito* (Sl 51.17).

Estamos precisando de um Pentecoste que desperte a igreja para a busca da santidade. As pessoas estão correndo atrás de bênçãos. A palavra de ordem hoje é que o homem merece ser feliz. Mas o projeto de Deus é que sejamos santos. *Sem santidade ninguém verá Deus* (Hb 12.14). *O fruto do justo é árvore de vida* (Pv 11.30), mas *o salário do pecado é a morte* (Rm 6.23). O caminho da santidade conduz à glória, mas as veredas do pecado conduzem ao inferno.

Poder para perdoar (At 1.8)

Havia uma rivalidade histórica entre judeus e samaritanos. Inimigos irreconciliáveis, eles não se toleravam. Os judeus consideravam os samaritanos combustível para o fogo do inferno. Se uma jovem judia se casasse com um jovem samaritano, a família oficiava simbolicamente o seu funeral. Um judeu não podia comer pão na casa de um samaritano, pois o pão do samaritano era considerado imundo. A hostilidade entre eles era profunda. Pelo fato de Jesus não ter sido bem recebido lá em Samaria, Tiago e João, os filhos do trovão, quiseram que fogo do céu caísse sobre a cidade para destruir os seus desafetos (Lc 9.54). A mulher samaritana fez questão de relembrar a Jesus que um judeu não deve pedir um favor a um samaritano, muito menos um samaritano ajudar a um judeu (Jo 4.9). Quando Neemias, após os setenta anos de cativeiro babilônico, retornou a Jerusalém para reconstruir os muros da cidade, os samaritanos tentaram de diversas formas impedir a reconstrução (Ne 4.1,2). Era o ódio que aflorava. Eram os ranços de um passado mal resolvido. As feridas abertas ainda não haviam sido curadas. Os ressentimentos históricos fervilhavam como as lavas de um vulcão em erupção.

Os samaritanos eram judeus mestiços, parentes próximos do mesmo sangue. Foram o produto de um caldeamento de raças, levado a efeito pelo rei da Assíria, Sargão II, que, ao conquistar Israel em 722 a.C., levou o povo de Israel para o cativeiro, e os demais que ficaram na terra foram misturados com outros povos que o rei estrategicamente enviou para a região, a fim de enfraquecer o zelo nacionalista do povo. Dessa mistura racial, surgiu o povo samaritano. Os samaritanos eram não apenas um caldeamento de raças, mas também adotaram um sincretismo religioso. Quando o povo de Judá retornou do cativeiro babilônico, os samaritanos tentaram se unir a eles para a reconstrução do templo (Ed 4.1-6). Ao serem rejeitados, tornaram-se opositores dos peregrinos que voltaram. Quando mais tarde Neemias veio para reconstruir dos muros, os samaritanos foram seus ferrenhos opositores (Ne 4.1-3). Eles então construíram um templo rival no monte Gerizim, mas esse templo foi destruído por João Hircarno em 129 a.C., abrindo ainda mais essa ferida de inimizade. Com isso, aprendemos que, quanto mais fortes e estreitos são os laços, mais profunda é a ferida quando se instala uma crise de relacionamento. A decepção torna-se mais amarga quando somos traídos por alguém que outrora nos devotou fidelidade.

Jesus já havia quebrado a barreira da inimizade passando por Samaria, na jornada itinerante do seu ministério. Ele rompeu com todos os preconceitos que separavam esses dois povos pelo muro da inimizade. Agora, ao fazer a promessa do derramamento do Espírito, diz que a igreja receberia poder para testemunhar também em Samaria. Talvez fosse o último lugar a que um judeu gostaria de ir. Talvez fosse a última escolha para uma empreitada missionária. Mas, onde chega o Pentecoste, as barreiras do ódio são desfeitas. Onde o evangelho prevalece, acabam-se as guerras frias, curam-se as feridas, restauram-se as relações quebradas e estabelece-se a comunhão. A ordem de Jesus não é para incendiar Samaria, como antes queriam Tiago e João, mas para testemunhar a ela a mensagem suprema do amor de Deus e da salvação em Cristo.

Só recebendo poder do Espírito podemos perdoar. Precisamos de poder para amar como Jesus amou. Carecemos de poder do Espírito para não deixar que a peçonha venenosa do ressentimento azede a nossa vida. Necessitamos do Pentecoste para amar a quem nos odeia, para levar vida a quem deseja a nossa morte, para abençoar a quem nos amaldiçoa. Precisamos do revestimento de poder para transformar os nossos inimigos em amigos, para conquistar as pessoas que nos ferem pela força irresistível do amor incondicional.

Foi esse poder que capacitou os apóstolos a sofrer açoites e prisões e até mesmo o martírio sem perder a doçura da vida. Como flores, ao serem pisados, exalavam o perfume de Jesus. Como metais nobres, ao serem lançados na fornalha da perseguição, saíam mais puros, mais alegres e mais exultantes. Como diamantes, ao serem lapidados, refletiam com mais fulgor o brilho da glória de Deus.

Foi também esse poder que preparou Estêvão, o primeiro mártir do cristianismo, a morrer apedrejado sem mágoa no coração. Seus olhos não ficaram embaçados pela crueldade de seus algozes, mas ele viu Jesus na sua glória. Ele não praguejou invocando libelos condenatórios contra seus assassinos, antes intercedeu por eles. Não havia ódio no coração de Estêvão, mas poder para amar e perdoar.

Hoje, a igreja está precisando de poder para resolver muitas pendências na área dos relacionamentos. Há muitas pessoas feridas no arraial de Deus. Existem pessoas profundamente machucadas e decepcionadas no relacionamento com seus irmãos. Há muitas mágoas não curadas. Existem muitas feridas abertas. Há gente entupida de ressentimento. Há muitos líderes evangélicos encharcados de mágoa, precisando de cura. Existem muitas famílias de pastores carregando traumas e decepções profundas pela maneira como foram tratadas na igreja de Deus. Há muitos crentes fracos e doentes por causa de atritos, brigas e contendas não resolvidas.

Há pessoas na igreja que se comportam como Caim, trazendo ofertas ao altar de Deus, mas com o coração cheio de ira contra seus irmãos. Existem crentes na igreja que se comportam como Esaú, nutrindo sede de vingança no coração. Há outros que agem como Absalão, atentando contra a vida de seus próprios irmãos, porque nunca conseguiram perdoá-los. E ainda outros agem como Saul, lançando flechas contra os ungidos de Deus, pagando o bem com o mal, porque estão dominados por um espírito de perturbação.

Onde não há amor, não há vida, pois quem odeia a seu irmão está nas trevas e nunca viu Deus. Quem não ama a seu irmão não pode amar a Deus. Por isso, quem não perdoa não pode ser perdoado. Mas onde prevalece o amor, reina o perdão. O amor é um remédio infalível para curar as feridas da mágoa. O amor cobre multidão de pecados. Necessitamos, portanto, de poder para amar. Precisamos do Pentecoste para perdoar!

Não há vida cristã sem perdão. Aqueles que foram perdoados devem perdoar e devem perdoar da mesma forma que foram perdoados. O apóstolo

Paulo ensina: ... *assim como o Senhor vos perdoou, assim também perdoai vós* (Cl 3.13). O perdão de Deus a nós foi completo, imerecido e ilimitado. Assim, devemos também perdoar a quem nos ofende.

Poder para falar de Cristo com intrepidez

No livro de Atos, sempre que os apóstolos e demais crentes eram cheios do Espírito, pregavam o evangelho com intrepidez. Eles buscavam poder não para impressionar as pessoas com milagres, mas para pregar a palavra com unção. Em Atos 1.8, eles receberiam poder para testemunhar. Em Atos 2.4,11, ao serem cheios, começaram a falar das grandezas de Deus. Em Atos 2.14, ao ser cheio do Espírito, Pedro levantou-se para pregar, e seu poderoso sermão cristocêntrico produziu tamanho impacto na multidão que o ouvia, que quase três mil pessoas foram convertidas (At 2.41). Em Atos 4.8, Pedro novamente é cheio do Espírito e abre a boca para falar de Jesus às autoridades religiosas de Jerusalém. Em Atos 4.29-31, a igreja está orando pedindo intrepidez em face da perseguição; o local da reunião tremeu pelo poder de Deus, e todos ficaram cheios do Espírito e, com intrepidez, anunciavam a palavra do Senhor. Atos 6.8-10 fala de Estêvão, o diácono cheio do Espírito (At 6.5), sendo revestido com tamanha capacitação de graça e poder que os seus opositores não podiam sobrepor-se à sabedoria e ao Espírito com que ele falava. De improviso ele

78 PENTECOSTE, O FOGO QUE NÃO SE APAGA

pregou o sermão com a maior quantidade de citações bíblicas registrado nas Escrituras. Seus inimigos, cheios de ódio, o apedrejaram, mas não puderam emudecer o poder da sua pregação, que até hoje nos inspira e motiva. Atos 9.17-22 fala da cura e do batismo de Saulo de Tarso, que, tão logo ficou cheio do Espírito, começou a pregar, afirmando que Jesus é o Filho de Deus e demonstrando que ele é o Cristo. Antes do Pentecoste, os apóstolos estavam trancados por causa do medo e, depois dele, foram encarcerados por falta de medo, pois não podiam deixar de falar das coisas que viram e ouviram.

Sem poder, não há pregação. Esse é o testemunho do apóstolo Paulo à igreja de Tessalônica: *porque o nosso evangelho não chegou até vós tão somente em palavra, mas, sobretudo, em poder, no Espírito Santo e em plena convicção* (1Ts 1.5). De igual forma, o apóstolo fala à igreja de Corinto:

> *A minha palavra e a minha pregação não consistiram em linguagem persuasiva de sabedoria, mas em demonstração do Espírito e de poder, para que a vossa fé não se apoiasse em sabedoria humana e sim no poder de Deus* (1Co 2.4,5).

Quando Jesus ressuscitou dentre os mortos, passou quarenta dias com os discípulos falando sobre o reino de Deus, e o reino de Deus não consiste em palavra, mas em poder (1Co 4.20). Foi esse

PENTECOSTE, O FOGO QUE NÃO SE APAGA **79**

sentimento que levou Billy Graham, o maior evangelista do século 20, a dizer: "Se Deus tirar a sua mão da minha vida, estes lábios se tornarão lábios de barro".

Depois de anos de trabalho missionário, John Wesley era apenas um cristão nominal. Converteu-se em 24 de maio de 1738 num culto dos morávios na Aldersgate Street, em Londres. Nesse mesmo ano, desejou uma experiência mais profunda com Deus. No dia 1º de janeiro de 1739 ele, seu irmão Charles Wesley e George Whitefield, mais sessenta irmãos, continuaram em oração até às três horas da madrugada. Quando o Espírito Santo foi derramado de forma poderosa, eles foram usados para sacudir a Inglaterra e tirar a igreja das cinzas. John Wesley viveu cinquenta e dois anos depois desse revestimento de poder. A partir daquele dia, pregou para grandes multidões, nas minas de carvão, nas praças e em todos os lugares onde o povo se ajuntava para ouvi-lo. Morreu em 2 de março de 1791, mas sua vida e seu exemplo inspiram o povo de Deus até hoje.

Antes de sua ordenação, George Whitefield jejuou e orou por dois dias. No seu primeiro sermão, quinze pessoas foram poderosamente convencidas de pecado e convertidas. Esse gigante da pregação ao ar livre pregou durante trinta e cinco anos, de três a cinco vezes por dia, para auditórios de duas mil a vinte mil pessoas. Muitas vezes, cavalgando pelas estradas empoeiradas da Inglaterra, montado em seu cavalo, era tomado por grandes comoções. As torrentes do céu caíam abundantemente sobre ele. O orvalho celestial molhava a sua alma com unção renovada. O poder do Espírito o inundava, e o povo afluía para ouvi-lo com sofreguidão onde quer que ele chegasse.

Dwight L. Moody já havia sido usado grandemente em Chicago. Duas mulheres da Igreja Metodista Livre oravam fielmente por ele. No final do culto, disseram-lhe: "Estamos orando por você". Intrigado, ele respondeu: "Por que vocês não oram pelo povo?" Elas então o fitaram e disseram: "Porque o senhor precisa de poder". Dias depois, o Espírito Santo desceu sobre Moody com poder em Wall Street, Nova York. A essa altura, Moody já estava pedindo a Deus todos os dias para que o enchesse de poder. Depois que Deus derramou seu Espírito e Moody experimentou essa efusão de poder, ele disse: "Eu não voltaria ao lugar em que estava há quatro anos por todo o dinheiro do mundo". Essa experiência de Moody foi tão marcante que ele testemunha que, dobrado sobre seus joelhos, parecia que ondas elétricas penetravam em seu corpo. Um regozijo inefável inundou sua alma. Um revestimento de poder veio sobre ele. Depois que ele se levantou, nunca mais a sua história foi a mesma. A partir daquele dia, ele levou mais de quinhentas mil pessoas a Cristo!

Mais do que nunca, estamos precisando de um Pentecoste para revitalizar a pregação nos nossos púlpitos. Há púlpitos que estão dando não o pão do céu ao povo, mas um caldo venenoso e mortífero. Há pastores pregando outro evangelho, ensinando ao povo doutrinas de homens, mercadejando a palavra e sonegando às almas o santo evangelho de Cristo. Há outros púlpitos que são verdadeiras cátedras de erudição, mas anunciam ao povo apenas sabedoria humana. Alguns púlpitos têm se transformado em balcões de negócios, onde pregadores inescrupulosos vendem e barganham as bênçãos de Deus e escondem do povo o evangelho da graça. Há também púlpitos que pregam a sã doutrina, a ortodoxia bíblica, mas sem o óleo da unção. São púlpitos secos, cujas mensagens são áridas. Os pregadores parecem postes doutrinários, carentes da seiva da vida.

Se não houver unção no púlpito, haverá morte nos bancos. Sem pregação ungida, os mortos espirituais não ressuscitarão. Sermões sem unção alimentam a mente, mas não tocam o coração. Lançam luz à cabeça, mas não ateiam fogo ao coração. Lutero dizia que sermão sem unção endurece o coração. E. M. Bounds, um piedoso metodista do século 19, dizia que estamos à procura de melhores métodos e Deus está à procura de melhores homens. Deus não unge métodos, mas unge homens. Pregadores mortos tiram de si sermões mortos e sermões mortos matam. Não estamos necessitados de grandes homens no púlpito, mas precisamos de homens de Deus. Não estamos necessitados de grandes

82 PENTECOSTE, O FOGO QUE NÃO SE APAGA

sermões, mas de mensagens cheias do azeite do Espírito. Não estamos precisando apenas de erudição, mas sobretudo de unção. Quando o Espírito é derramado, até mesmo homens rudes como os pescadores da Galileia transtornam o mundo e atraem multidões aos pés de Jesus.

Hoje gastamos mais tempo preocupados em preparar a mensagem, fazer pesquisas, ler comentários e buscar a exegese para os termos com base nas línguas originais do que nos preparando espiritualmente para entregar a mensagem. A preparação do sermão é muito importante. Mas não pode parar aí. Deus não unge estruturas literárias. Deus não unge simplesmente a mensagem, mas sobretudo o pregador. Martyn Lloyd-Jones diz que pregação é lógica em fogo. Precisa vir de um homem que está inflamado pelo fogo do Espírito!

Jonathan Edwards pregou um poderoso sermão sobre o tema "Pecadores nas mãos de um Deus irado". Cerca de quinhentas pessoas sofreram tal impacto com a mensagem que gemiam, choravam e gritavam, agarradas aos bancos e pilares do templo, tomadas de profunda convicção do pecado. Esse mesmo sermão está impresso. Poderíamos pregá-lo literalmente, e os resultados seriam bem outros. A unção não estava na mensagem, mas no mensageiro. O método de Deus é o homem. Deus unge homens, e não métodos. Precisamos, portanto, do poder do Espírito Santo para pregar a palavra com poder e intrepidez.

Poder para ir até os confins da terra (At 1.8)

Sem o poder do Espírito, a igreja perde a visão e a paixão. Sem o poder do Espírito, a igreja se encolhe e ensarilha as suas armas. Sem o poder do Espírito, a igreja se intimida e se esconde dentro de suas quatro paredes, pois é mais fácil ficar do que sair, é mais cômodo permanecer no ninho do que entrar em campo. Só o Pentecoste pode dar senso de urgência à igreja em relação à sua missão. Só o derramamento do Espírito pode desviar os olhos da igreja de si mesma e erguê-los para ver os campos brancos para a ceifa. Só o poder do Espírito pode ampliar a visão da igreja quanto à visão missionária.

O projeto de Deus é o evangelho todo, por toda a igreja, a todo o mundo, a cada criatura. Qualquer visão que não seja a do mundo todo não é a visão de Deus. O mundo jaz em trevas. As religiões, por antigas que sejam, estão imersas em trevas. As filosofias humanas, por mais eruditas, estão cobertas de trevas. Só Jesus é a luz do mundo. Só ele pode dissipar as trevas do pecado. Só nele há salvação.

Quando é banhada pelo óleo do Espírito, a igreja passa a dar prioridade às missões como sua tarefa mais urgente. Veja três verdades fundamentais sobre este aspecto:

a) *As missões são uma tarefa imperativa.* Quando Oswald Smith iniciou o seu ministério na Igreja do Povo, em Toronto,

84 PENTECOSTE, O FOGO QUE NÃO SE APAGA

Canadá, a igreja estava endividada e com a vida financeira abalada. Contrariando as expectativas da liderança da igreja, ele começou pregando uma série de mensagens sobre missões e a necessidade de a igreja investir prioritariamente nessa tarefa de consequências eternas. No último dia das conferências, ele levantou uma grande oferta para missões e fez um desafio para que pessoas se levantassem na igreja como missionários. Deus fez uma revolução bendita na igreja. As finanças se aprumaram. A igreja cresceu extraordinariamente e a partir de então centenas de missionários foram sustentados por aquela igreja, que passou a investir 60% do seu orçamento na obra missionária. Estive visitando essa igreja no Canadá em agosto de 1998 e constatei que essa ênfase permanece até hoje. A Bíblia diz que *quem ganha almas é sábio* (Pv 11.30). Quem investe em missões entesoura para a eternidade. Quem ama missões, ora por missões, contribui com missões e faz missões está afinado com o pulsar do coração de Deus.

b) *As missões devem ser a prioridade não só dos nossos investimentos, mas também da nossa própria vida*. Quando perguntaram a Charles Studd, que deixou a Inglaterra e abriu mão da sua fama e riqueza para ser missionário na China, Índia e África, o porquê de tanto sacrifício, ele respondeu: "Se Jesus Cristo é Deus e deu a sua vida por mim, então não há sacrifício tão grande que eu não possa fazer por amor a ele".

Quando o jovem presbiteriano Ashbel Green Simonton, recém-formado no Seminário de Princeton, New Jersey, filho de médico e deputado federal por duas legislaturas, sentiu o chamado de Deus para vir ao Brasil, foi aconselhado pelos amigos a desistir da arriscada empreitada. Muitas igrejas grandes nos Estados Unidos o queriam como pastor. Ele estava acostumado a uma vida de regalias. O Brasil era um país pobre e muito afetado por doenças endêmicas. Mas, a despeito de todos esses fatores, ele respondeu: "O lugar mais perigoso para um homem é totalmente seguro quando se está no centro da vontade de Deus". Ele veio. Chegou ao Brasil no dia 12 de agosto de 1859. Durante oito anos, realizou aqui um glorioso ministério. Plantou a Igreja Presbiteriana do Brasil e partiu para a glória aos trinta e quatro anos, mas sua vida é até hoje fonte de inspiração para muitos obreiros. Sua vida ardeu no altar de Deus. Porque o seu ideal era maior do que a vida, ele deu a vida pelo seu ideal.

No século 19, Alexander Duff deixou a Escócia e foi para a Índia. Ali gastou a sua vida. Ali derramou o seu coração. Ali fez sua alma arder por Deus numa profunda devoção à salvação dos perdidos. Depois de velho e cansado, doente e com as forças combalidas, voltou a seu país para tratamento de saúde. Também realizou conferências missionárias para despertar outras vocações que dessem prosseguimento ao seu trabalho. Certa feita, num grande auditório, falava a centenas de jovens. Pregou com grande ardor. Derramou seu coração num apelo veemente aos jovens, convocando-os a deixar a Escócia e ir para a Índia. Para sua surpresa, nenhum jovem atendeu ao apelo. Ele ficou tão chocado com a resposta negativa do auditório que teve um ataque cardíaco no púlpito e desmaiou. Levaram-no para uma sala contígua ao púlpito, massagearam-lhe o peito e ele voltou à consciência. Pediu, então, para o levarem de volta ao púlpito, de modo que pudesse terminar o apelo. Os médicos responderam que ele não podia voltar ao púlpito. Mas ele retrucou: "Eu não posso deixar de voltar. Preciso terminar o apelo". Levaram-no então ao púlpito, e o auditório o ouviu atentamente. Mesmo com voz trêmula, ele se dirigiu à seleta audiência com estas palavras: "Jovens, se a rainha da Escócia convocasse vocês para qualquer missão diplomática, em qualquer lugar do mundo, vocês iriam com orgulho e sem detença. O Rei dos reis, o Senhor dos senhores, aquele que amou vocês e morreu por vocês na cruz, convoca-os para ir à Índia como embaixadores do céu, e vocês não querem ir. Então irei eu. Já estou velho, cansado e doente. Pouco poderei fazer, mas pelo menos morrerei às margens do Ganges, e o povo indiano saberá que alguém os amou e se dispôs a ir até eles, levando a boa-nova da salvação". Quando Alexander Duff terminou o apelo, o auditório estava em prantos. O Espírito de Deus produziu grande quebrantamento naquela conspícua assembleia, e dezenas de jovens se levantaram atendendo ao desafio de ir para a Índia.

c) *As missões também são uma tarefa intransferível*. Só a igreja pode realizar missões. Deus não confiou essa tarefa aos anjos nem aos poderosos deste mundo. Nenhuma organização mundial, por mais opulenta e rica que seja, pode cumpri-la. A igreja é o método de Deus para alcançar todas as nações até aos confins da terra. Devemos fazer missões por diversas razões. Primeiro, para livrar a nossa própria pele. Se nos calarmos, seremos tidos como culpados. Se o ímpio morrer na sua impiedade, sem ter sido avisado por nós, ele perecerá, mas o seu sangue será cobrado das nossas mãos. Segundo, para arrebatar os perdidos do fogo. A ignorância não é uma porta secundária para entrar no céu. Quem sem lei pecar sem lei perecerá. Não há salvação fora de Cristo. Deus resolveu salvar o pecador pela loucura da pregação. Mas como ouvirão se não há quem pregue? A fé vem pelo ouvir a palavra, mas como crerão se não ouvirem? Os homens estão indo para a perdição eterna. Precisamos avisá-los do enorme e grave perigo que correm. Terceiro, porque fazer missões até aos confins da terra é ordem expressa de Jesus Cristo. Não fazer missões é desobediência. Não obedecer a essa ordem de Jesus é rebeldia. Quarto, devemos fazer missões para a glória de Deus. Quando o pecador se arrepende e crê no Senhor Jesus, recebe a vida eterna, a graça de Deus é exaltada, e o Deus de toda a graça é glorificado.

Conta-se que, quando Jesus terminou sua obra de redenção no mundo, morrendo na cruz e ressuscitando dentre os mortos, voltou para a glória, sendo recebido apoteoticamente pelos anjos. Um anjo aproximou-se de Jesus e perguntou--lhe: "Senhor, tu morreste na cruz para a salvação dos pecadores. Mas quem vai levar essa mensagem ao mundo inteiro?" Jesus respondeu: "Eu deixei lá na terra doze homens preparados para essa missão". O anjo, então, arriscou uma segunda pergunta: "Mas, Senhor, e se eles falharem?" Jesus de pronto respondeu: "Se eles falharem, eu não tenho outro método". Essa missão é nossa. É intransferível. Por isso, precisamos do poder do Espírito para realizá-la.

As missões são, ainda, uma tarefa impostergável. Não podemos omitir-nos nessa tarefa, pois seria uma atitude criminosa. Não podemos protelar o que deve ser nossa missão mais urgente. A cada dia que passa, portas se fecham e outros atalhos aparecem para desviar as pessoas. Surgem a cada dia, em cada esquina, novas seitas pregando um falso evangelho, um outro evangelho, fazendo os incautos enveredar pelas sendas do erro. Doutrinas satânicas estão ganhando espaço, conquistando terreno, invadindo as universidades, entrando na mídia bem na cara da igreja. Estamos assistindo desde o século passado à "orientalização" do Ocidente.

O espiritualismo com suas diversas faces está penetrando na cultura subjacente do nosso povo. Os terreiros de umbanda crescem como cogumelos em todos os quadrantes da nossa pátria. As seitas heréticas conquistam terreno a cada dia. E o pior disso é que a igreja dorme, enquanto o inimigo semeia o seu joio maldito no meio do trigal de Deus. Precisamos acordar. Precisamos levantar os olhos. Precisamos ver os campos que estão brancos para a ceifa. Precisamos entender que a nossa comida e a nossa bebida é fazer a vontade de Deus, e a vontade de Deus é que levemos todo o evangelho a toda criatura, a todas as nações, até os confins da terra.

A Primeira Igreja Presbiteriana de Vitória, comunidade que pastoreio há trinta e dois anos, tem o privilégio de apoiar o ministério do ilustre pastor e missionário Ronaldo de Almeida Lidório. Ele foi o missionário pioneiro entre os Konkombas, em Gana. Deixou todo o conforto de sua pátria e rumou para o sertão da África, embrenhou-se nas matas, cruzou rios e plantou seus pés na aldeia de Koni, entre a tribo dos Konkombas, feiticeiros históricos e fetichistas. Ali, na companhia de sua esposa, ele derramou sua alma em oração fervorosa por aquelas almas perdidas. Em cinco anos de trabalho, percorreu lugares nunca alcançados, organizou dez igrejas com cerca de duas mil pessoas, arrancando-as das mais densas trevas do pecado. Mesmo sofrendo o abalo de vinte e uma malárias, não perdeu a paixão nem a visão. Ao ficar hospitalizado por um envenenamento de água, a missão que o enviou cogitou trazê-lo de volta ao Brasil, definitivamente, argumentando que ele já tinha dado sua extraordinária contribuição. Mas a isso ele respondeu: "Eu não estou pensando em voltar, mas quero prosseguir mais um pouco, para alcançar outras tribos não alcançadas".

Numa tribo indígena, um jovem se preparava para ser o cacique. Era moço inteligente, ágil e com forte espírito de liderança. Seu corpo atlético e hercúleo fazia dele a esperança de toda a tribo. Entretanto, uma doença avassaladora estiolou as suas forças, minou o seu vigor e tirou o brilho dos seus olhos. Toda a tribo, aflita, buscou os recursos disponíveis para salvar a vida do futuro cacique. Mas foi tudo em vão. A doença não retrocedia. O jovem, então, com o corpo surrado pela enfermidade, os olhos perdidos no infinito e a certeza da morte iminente, aproximou-se de sua velha mãe e perguntou-lhe: "Mamãe, para onde eu irei quando morrer? O que será da minha alma?" A mãe, aflita, respondeu: "Meu filho, eu não sei". Os dias se passaram, e o jovem, agora com o corpo macérrimo e olhar baço, já no colo da mãe, com a voz fraca, perguntou-lhe: "Mamãe, estou morrendo. Para onde vai a minha alma? O que será de mim quando eu morrer?" A mãe, chorando, apertou-o contra o seu peito e disse: "Meu filho, eu não sei, eu não sei". O jovem, não resistindo à enfermidade, morreu sem saber para onde ia.

Meses depois, chegou àquela tribo um missionário pregando o evangelho, falando sobre o céu, a vida eterna e a certeza da salvação. Enquanto o missionário pregava essas boas-novas de salvação, saiu de uma palhoça uma mulher idosa, com o rosto sulcado de dor e os olhos inchados de tanto chorar; ela correu em direção ao missionário, agarrou-o pelos braços, sacudiu-o violentamente e gritou: "Por que você não veio antes? Por que você não veio antes?" Era a mãe do jovem que morrera sem saber para onde ia. É muito frustrante chegar atrasado. É doloroso chegar tarde demais. Ou alcançamos a nossa geração para Jesus, ou então teremos fracassado em nossa missão. Por isso precisamos de poder, do poder do Espírito, para sair do nosso comodismo, para orar por missões, para contribuir com missões e para fazer missões aqui e além-fronteiras, antes que seja tarde demais.

Poder para experimentar o extraordinário no cotidiano (At 3.6)

Os apóstolos não agendavam os milagres. Não marcavam cultos de libertação e cura. Não havia previsibilidade antecipada. Não agiam como secretários do Espírito Santo, tentando controlar e

PENTECOSTE, O FOGO QUE NÃO SE APAGA   93

manipular a sua agenda. Eles não faziam propaganda dos sinais. Não colocavam faixas anunciando a presença de homens poderosos. Não faziam exposição de seus dotes espirituais. As coisas aconteciam dentro da liberdade e da soberania do Espírito. Eles não desviavam os olhos do povo para a igreja, nem trombeteavam suas próprias virtudes. Convergiam todos os holofotes sobre Jesus.

Os apóstolos não comercializavam o poder. Eles não viviam encastelados em torres de marfim, empoleirados no topo da fama. Eles não barganhavam nem mercadejavam a palavra. Não exploravam o povo em nome da fé. Não extorquiam os neófitos usando de artifícios para vender seus produtos religiosos. Não forjavam milagres. Não trapaceavam. Não faziam alaridos para chamar a atenção para si mesmos.

Os apóstolos não usavam expedientes ilícitos para crescer. Não prometiam riquezas, prosperidade e saúde. Não faziam promessas ao povo de benesses terrenas e temporais, com vistas a atrair multidões. Eles não pregavam um evangelho fácil. Traziam no corpo os vergões dos açoites, a história das prisões e a privação financeira. O poder deles não era a opulência financeira. A influência deles não era a mobilização política. Eles eram homens revestidos com o poder do Espírito. Por isso, Pedro pôde dizer ao paralítico: *Não possuo nem prata nem ouro, mas o que tenho, isso te dou: em nome de Jesus Cristo, o Nazareno, anda!* (At 3.6). O primeiro milagre foi levantar o que estava prostrado. O Espírito Santo desceu para levantar o homem caído.

Precisamos de poder para ter ordinariamente uma vida extraordinária. Quem vive no reino da fé pisa no terreno dos milagres. Não precisamos nos arrastar com os pés na lama; podemos alçar voos altaneiros e viver na intimidade de Deus. Não precisamos viver de forma medíocre; podemos experimentar as insondáveis riquezas do evangelho de Cristo. Não precisamos viver uma vida árida; podemos ter sobre nós o orvalho do céu, as torrentes do Espírito. Não precisamos viver uma vida vazia; podemos ser cheios do Espírito. Não precisamos viver debilitados e fracos; temos à nossa disposição a suprema grandeza do poder de Deus. É tempo de buscar essa qualidade superlativa de vida. É tempo de apropriar-nos da vida abundante que Cristo oferece. É tempo de beber dessa fonte que nunca seca. Chegou a hora de experimentar o fluir dos rios de água viva jorrando do nosso interior. Podemos entrar nas águas profundas desse rio. Sim, o que Deus tem para nós aqui é o extraordinário no cotidiano e além do rio, o que nenhum olho viu e nenhum ouvido ouviu nem jamais subiu ao coração do homem.

4

OS RESULTADOS DO PENTECOSTE

JÁ EVIDENCIAMOS QUE O PENTECOSTE é resultado de uma promessa do Pai e de uma espera obediente, perseverante e cheia de expectativa de uma vida poderosa. O Pentecoste veio como resultado de uma vida de oração, capacitando a igreja com poder para viver, morrer e pregar o evangelho.

Agora, olhe para o Pentecoste sobre o prisma dos seus resultados.

1. O PENTECOSTE FOI UM FENÔMENO CELESTIAL

O Pentecoste não foi algo produzido, ensaiado, fabricado, teatralizado. Algo do céu verdadeiramente aconteceu. O Pentecoste foi incontestável — ninguém pôde negar sua existência. Foi irresistível — ninguém pôde impedi-lo. Foi soberano — ninguém pôde produzi-lo. Foi eficaz — ninguém pôde desfazer os seus resultados. Foi singular — o Espírito Santo veio para permanecer eternamente com a igreja, como o outro Consolador.

O fenômeno do derramamento do Espírito incluiu:

a) *Som* — Não foi barulho, algazarra, falta de ordem, histeria, mas um som do céu. O Pentecoste foi audível, verificável, público, transpirando para fora do cenáculo, reverberando sua influência na sociedade. Esse insólito acontecimento atraiu a grande multidão que estava em Jerusalém para ouvir a palavra de Deus (At 2.5,6).

b) *Vento* — O vento é símbolo do Espírito Santo. O hebraico tem uma única palavra para *vento* e *sopro*. O homem passou a ser alma vivente quando Deus soprou em suas narinas. Foi o hálito de Deus que lhe deu vida. Deus renova a face da terra, enviando o seu Espírito (Sl 104.30). O Espírito soprou no vale de ossos secos, e do vale brotou a vida (Ez 37.9,10). Jesus disse que *o vento sopra onde quer, ouves a sua voz, mas não sabes donde vem, nem para onde vai* (Jo 3.8). O vento é livre — ninguém consegue domesticá-lo; ele sopra onde quer. Muitas vezes, ele sopra onde jamais sopraríamos e deixa de soprar onde estamos soprando com toda a força. O vento é soberano — ninguém pode resistir a ele. O vento é misterioso — ninguém sabe de onde vem nem para onde vai. O vento tem uma voz; importa-nos ouvi-la e obedecer.

c) *Fogo* — O Espírito veio em línguas como de fogo. O fogo também é símbolo do Espírito.

O fogo ilumina, pois quem é nascido do Espírito não anda em trevas. O fogo purifica, queimando todo o entulho que entope as fontes da nossa vida. O fogo aquece, tirando-nos da frieza espiritual e inflamando nosso coração. O fogo alastra, pois quando estamos cheios do Espírito é impossível isso ficar escondido. Quando estamos cheios do Espírito, as pessoas que estão à nossa volta notam isso e sofrem o impacto desse fato. Deus é fogo. Sua palavra é fogo. Seu Espírito veio em línguas como de fogo. Jesus batiza com fogo. Ele faz de seus ministros labaredas de fogo!

d) *O fenômeno das línguas* — As pessoas que ficaram cheias do Espírito começaram a falar em outras línguas. Não havia necessidade de interpretação (At 2.8,11), o que representa a universalidade do evangelho.

2. O PENTECOSTE FOI UM FENÔMENO QUE TROUXE PLENITUDE DO ESPÍRITO SANTO A TODOS

Todos estavam reunidos no mesmo lugar quando o Espírito Santo foi derramado sobre eles e todos ficaram cheios do Espírito (At 2.4). A partir dali, passaram a ter uma qualidade de vida superlativa e foram dirigidos pelo Espírito: 1) o Espírito encheu Pedro, que pregou com desassombro diante do Sinédrio (At 4.8); 2) o Espírito moveu Filipe,

98 PENTECOSTE, O FOGO QUE NÃO SE APAGA

que deixou o avivamento em Samaria e foi para o deserto pregar ao eunuco (At 8.29); 3) o Espírito preparou Pedro para a chegada dos emissários de Cornélio (At 10.19); 4) o Espírito ordenou a Pedro que fosse sem titubear com esses emissários para abrir a porta do evangelho aos gentios (At 11.12); 5) o Espírito ordenou que a igreja de Antioquia separasse Barnabé e Saulo para a obra missionária (At 13.1,2); 6) o Espírito orientou as decisões do concílio de Jerusalém (At 15.28); 7) o Espírito guiou Paulo para fazer missões na Europa (At 16.6).

Pelo fato de experimentarem continuadas efusões do Espírito, os apóstolos enfrentaram com galhardia e poder toda a oposição das autoridades judaicas. Suportaram com heroísmo os açoites. Não se intimidaram diante das ameaças. Não temeram as prisões nem recuaram diante das pressões. Enfrentaram com desassombro a própria morte. Em todas essas circunstâncias adversas, saíram transbordando de alegria e do Espírito Santo (At 13.52).

3. O PENTECOSTE PROVOCOU REAÇÕES DIVERSAS

Quando o Espírito de Deus é derramado sobre a igreja, produz efeitos gloriosos, e as pessoas que olham para o fato têm diferentes reações.

Ajuntamento sem *marketing*

Atos 2.5,6 narra o fato insólito da multidão presente em Jerusalém sendo atraída de forma irresistível para o local onde os discípulos estavam reunidos. Esta é uma marca incontestável do genuíno avivamento: as pessoas são movidas pelo próprio Espírito de Deus a buscar refúgio no meio dos cristãos. As pessoas são arrastadas com cordas de amor e atraídas por uma força irresistível. Todas as barreiras são quebradas. Todo o preconceito cai por terra. Toda a resistência se desfaz, e as multidões sedentas, carentes, em angústia de alma, buscam a igreja. Não é necessário propaganda, nenhum artifício humano ou promessas mirabolantes para atrair as massas. Os pecadores correm para a igreja e com pressa acertam a vida com Deus.

A história dos avivamentos prova sobejamente essa tese. Foi assim no grande despertamento espiritual da Inglaterra no século 18. Quando George Whitefield se levantava para pregar nas praças, as multidões se acotovelavam, ávidas por ouvir sua mensagem. Quando John Wesley ia às minas de carvão, aqueles homens, outrora rudes, choravam quebrantados pela sua pregação. No País de Gales, no século 18, Deus salvou um jovem chamado Howell Harris, usando não um sermão, mas o aviso dominical sobre a ceia do Senhor. Ao ser convertido, Howell Harris não sabia pregar. Meses depois de sua conversão, recebeu poderosa visitação do Espírito e a partir de então passou a ter grande paixão pelas almas. Mesmo não sabendo pregar, começou a ler livros evangélicos para as pessoas. A unção de Deus caiu sobre ele de tal forma que as

100 PENTECOSTE, O FOGO QUE NÃO SE APAGA

pessoas sofriam grande impacto com suas leituras. Mais tarde, esse homem recebeu de Deus a capacitação para pregar e veio a ser um dos maiores avivalistas daquele século em seu país. Tornou-se eloquente e ungido pregador. As multidões ouviam com profundo interesse sua pregação, e centenas de pessoas foram salvas através de seu ministério.

No século 19, no grande avivamento que varreu todos os Estados Unidos, Deus usou de forma tremenda o advogado Charles Grandison Finney. Onde ele chegava para pregar, Deus operava maravilhosamente. Os corações se derretiam e os joelhos se dobravam diante do Salvador Jesus pela sua pregação.

Quanto a Dwight L. Moody, desde que foi revestido com o poder do Espírito em Wall Street, Nova York, sempre que se levantava para pregar, as pessoas se ajuntavam ávidas por ouvi-lo. Como já afirmamos, a partir dessa experiência bendita, Moody levou a Cristo mais de quinhentas mil pessoas.

A Bíblia diz de João Batista, cheio do Espírito, era uma voz, e não um eco, e por isso as multidões deixavam Jerusalém com todo o seu aparato religioso, o sumo sacerdote e os mestres da lei e rumavam para o deserto para ouvi-lo. O que mais importa não é se estamos num púlpito erudito, numa catedral ou num templo de chão batido ou mesmo no deserto. O que importa é se o nosso ministério está irrigado pelo óleo do Espírito. O que importa é se há unção em nossa vida. Não adianta erudição sem poder. Não adianta conhecimento sem unção. Não adianta ter cursos e mais cursos se o orvalho de Deus não cai sobre nós. Nossos diplomas não podem atrair as multidões para ouvir a palavra. Nossos títulos não nos credenciam a ter um ministério frutífero.

No ano de 1904, Deus derramou um dos avivamentos mais extraordinários sobre a terra, na pequena cidade de Loughor, País de Gales. Tudo começou quando o jovem Evan Roberts iniciou uma reunião de oração em sua igreja. O vento impetuoso do Espírito soprou com tal poder sobre aquela igreja que, dentro de uma semana, toda a cidade tinha sido tocada pelo poder de Deus. As chamas desse avivamento varreram todo o país e alastraram-se para outras paragens.

Dentro de seis meses, cerca de cem mil pessoas estavam salvas por Cristo. As multidões corriam apressadas para as reuniões de oração, louvor e testemunho. Deus fez uma faxina na sociedade. Os antros de pecado foram desfeitos. Os prostíbulos fecharam. Os cassinos cerraram as portas. Os teatros tiveram de cancelar seus programas. Os estádios de futebol ficaram vazios, porque o povo tinha pressa de ir para a igreja acertar sua vida com Deus.

Ao visitar a Missão Kwa Sizabantu, na África do Sul, e ler os livros que narram o grande avivamento ocorrido ali em 1966, pude constatar que, logo que Deus derramou o Espírito sobre o povo zulu, que orava em lágrimas pedindo as torrentes do céu, os feiticeiros da região começaram a vir para a missão, com profundos soluços na alma, em agonia por causa do peso de seus pecados. Caravanas vinham de todos os lados a pé, de carro e na carroceria de caminhões, porque eram atraídas irresistivelmente pelo Espírito de Deus.

O poder do Espírito sobre a igreja tem maior impacto sobre as massas do que os *outdoors*, do que a mídia, do que a mais bem elaborada e agressiva propaganda. Muitas vezes, as pessoas cruzam diariamente as ruas em frente dos nossos templos e nem percebem que ali adoramos ao Deus vivo. Elas não são tocadas nem atraídas. Onde o vento de Deus sopra, onde o fogo de Deus desce, as pessoas caem de joelhos e reconhecem que só o Senhor é Deus.

Discriminação

Vede! Não são, porventura, galileus todos esses que aí estão falando? (At 2.7). Essa observação está vazada numa atitude soberba de profunda discriminação. A Galileia era considerada pelos judeus ortodoxos uma terra pagã. Era chamada a Galileia dos gentios, terra de trevas, terra de gente ímpia, atrasada, pobre, doente e marginalizada. Foi por isso que Natanael disse a Filipe acerca de Jesus: *Porventura, de Nazaré* [que fica na Galileia] *pode sair alguma coisa boa?* (Jo 1.46). Deus chama as coisas fracas deste mundo para envergonhar as fortes. Ele enche galileus com o seu Espírito, para com eles revolucionar o mundo.

Todavia, apesar do preconceito quanto à origem, ao berço, à formação e ao *status* daqueles que estavam falando das grandezas de Deus, não foi possível negar a realidade insofismável de que algo extraordinário estava acontecendo. No Pentecoste, acontece o contrário do que se deu na torre de Babel. Lá as pessoas falaram e houve confusão das línguas. No Pentecoste, os crentes falaram e houve entendimento, cada um na sua língua materna (At 2.8,11). Onde reina o Espírito de Deus, aí há entendimento, e não confusão.

Ceticismo

Todos, atônitos e perplexos, interpelavam uns aos outros: Que quer isto dizer? (At 2.12). Havia no Pentecoste dois grupos: os que perguntavam (At 2. 7,12) e os que afirmavam (At 2.13). Havia um grupo cético, cheio de dúvidas e interrogações. Eles sabiam que algo extraordinário estava acontecendo, mas não compreendiam do que se tratava. Estavam atônitos, perplexos. Formavam um grupo que não podia crer no que via. Há muitos céticos hoje também. Gente que sabe que Deus tem poder, que nunca mudou, que opera maravilhas hoje como sempre operou no passado, mas gente que prefere ficar espantada e perplexa a crer com simplicidade. Gente que faz todas as perguntas, mas não abre o coração para as respostas de Deus. Gente que questiona tudo, mas não tem disposição de obedecer.

Zombaria

Outros, porém, zombando, diziam: Estão embriagados! (At 2.13). Esses são apressados em tirar uma conclusão, ainda que temerária. São aqueles que sempre têm uma explicação, ainda que falsa. São aqueles que se constituem em juízes e se empoleiram no trono do julgamento, só para assacar acusações desabonadoras contra os seus irmãos. Esse grupo subiu a colina do monte Sião, aproximou-se do cenáculo, ouviu os 120 que falavam das grandezas de Deus e tiraram logo sua conclusão: estão bêbados, embriagados.

Para os zombadores, os discípulos eram gente atrasada, desmiolada, emocionalmente prejudicada, gente sem siso, sem massa cinzenta. Diziam que aquelas pessoas que foram cheias do Espírito estavam vivendo uma catarse, um histerismo coletivo, uma paranoia religiosa. Pedro diz (At 2.15) que aquela era a terceira hora do dia (nove horas da manhã), mas, para quem quer caluniar, a incoerência não representa problema. A lógica do maledicente é sempre a generalidade do mal.

4. O PENTECOSTE ABRIU CAMINHO PARA UMA PREGAÇÃO CONFRONTADORA E PODEROSA

Uma das marcas do genuíno avivamento é a pregação fiel das Escrituras. Pedro, ao ser cheio do Espírito, levantou-se para pregar. Ele não trovejou palavras de sabedoria humana. Não discursou ensinando à multidão apenas princípios religiosos. Sua mensagem foi poderosa não por causa da sua eloquência, mas por causa do seu conteúdo, ungido pelo óleo do Espírito.

Uma pregação cristocêntrica na sua essência (At 2.22-36)

O sermão de Pedro no Pentecoste teve quatro argumentos:

a) *A morte de Cristo* — A cruz não foi um acidente, mas parte do plano eterno de Deus (At 2.23; 3.18; 4.28; 13.29). A cruz não foi uma derrota para Jesus, mas sua exaltação. Ele marchou para a cruz como um rei para a sua coroação. Foi na cruz que ele conquistou para nós eterna redenção e triunfou sobre o diabo e suas hostes, expondo-os ao desprezo. Foi na cruz que Deus provou da forma mais eloquente seu amor por nós e seu repúdio ao pecado. Na cruz, a paz e a justiça se beijaram. Cristo não morreu na cruz como mártir. Ele espontaneamente se entregou por nós. A cruz não foi um expediente de última hora, mas um plano eterno que nos revela a santidade de Deus e o seu amor incomensurável.

b) *A ressurreição de Cristo* (At 2.24,32) — Não adoramos o Cristo que esteve vivo e está morto, mas o Cristo que esteve morto e está vivo pelos séculos dos séculos. O Cristo a quem servimos não é um Cristo morto, vencido, preso à cruz, impotente, mas o Jesus vitorioso, que triunfou sobre a morte, derrotou o pecado, desfez as obras do diabo, cumpriu a lei, satisfez a justiça de Deus e nos deu eterna redenção.

c) *A exaltação de Cristo* (At 2.33) — Ao consumar sua obra aqui no mundo, Jesus ressuscitou em glória e comissionou seus discípulos a pregar o evangelho em todo o mundo, a cada criatura. Depois, voltou para o céu, entrou na glória, foi recebido apoteoticamente pelos anjos e assentou-se à destra do Pai, para governar a igreja, interceder por ela e revesti-la com o poder do seu Espírito.

d) *O senhorio de Cristo* (At 2.36) — Jesus é dono, senhor e Rei sobre tudo e todos. Ele exerce autoridade suprema sobre nossa vida. O conteúdo da mensagem de Pedro foi Jesus, e Jesus somente. Quando o Espírito vem sobre nós com poder, não temos outro tema a pregar. O ministério do Espírito Santo é exaltar Jesus (Jo 16.13,14). Uma vida cheia do Espírito Santo é uma vida cristocêntrica. O ministério do Espírito é o ministério do holofote. Ele não lança luz sobre si mesmo. Ele não fala de si mesmo. Ele não exalta a si mesmo. Ele projeta luz na direção de alguém. O Espírito Santo aponta para Jesus e o exalta.

Uma pregação eficaz quanto ao propósito

Ouvindo eles estas coisas, compungiu-se-lhes o coração e perguntaram a Pedro e aos demais apóstolos: Que faremos, irmãos? (At 2.37). A pregação de Pedro explodiu como dinamite de Deus no coração da multidão. Produziu uma compulsão de alma. Foi um sermão atingidor, como diziam os puritanos da Inglaterra no século 17. Pedro não ficou contornando o assunto, não procurou agradar ao auditório, não pregou uma mensagem açucarada apenas para estimulá-los. Ele pôs o dedo na ferida, tocou o ponto de tensão. Foi direto no nervo exposto da situação, dizendo-lhes que, embora a cruz tivesse sido planejada desde a eternidade, eles eram responsáveis pela morte de Cristo: *vós o matastes, crucificando-o por mãos de iníquos* (At 2.23; 3.13; 4.10; 5.30). Essa pregação direta, corajosa e confrontadora gerou neles profunda convicção de pecado. Vemos hoje pouca convicção de pecado na igreja de Deus. Não mais sabemos o que é agonia de arrependimento. Não mais choramos por causa do pecado. Nossa alma não mais se aflige ao ver as pessoas correndo para o fogo do inferno. Estamos insensíveis demais, com os olhos enxutos demais, com o coração duro demais. Precisamos de quebrantamento. Precisamos de pregação cristocêntrica.

Uma pregação clara em suas exigências

Respondeu-lhes Pedro: Arrependei-vos, e cada um de vós seja batizado em nome de Jesus Cristo (At 2.38). Pedro não tinha o propósito de entreter o auditório nem de confortá-lo. Antes de falar de cura, ele revelou à multidão a sua doença. Antes de falar de salvação, mostrou que eles estavam perdidos. Antes de pregar o evangelho, anunciou a lei. Não há salvação sem arrependimento. Ninguém entra no céu sem antes saber que é pecador. Pedro mostrou que a maior urgência para o pecador é a mudança de mente, de coração e de vida. Ele falava a um grupo extremamente religioso. Jerusalém era a capital mundial da religião judaica. Toda aquela gente tinha ido a Jerusalém para uma festa religiosa. Pedro mostra, assim, que não basta ser religioso. Mas mostra também que não é suficiente mudar de religião; é preciso mudar de vida. O brado de Deus que ecoa do céu para todos é: Arrependei-vos!

Temos visto hoje uma mudança preocupante na pregação. Tem-se pregado muito sobre libertação e quase nada sobre arrependimento. Os pregadores berram dos púlpitos dizendo que as pessoas sofrem porque estão com encosto, com mau olhado, com espíritos malignos. Dizem que o que elas precisam é ser libertas. Mas isto é apenas metade da pregação. Ainda que a pessoa esteja mesmo possessa e seja liberta, o seu problema não está resolvido. Todos pecaram. Todos carecem da glória de Deus. Todos precisam arrepender-se. O homem é culpado, não é apenas uma vítima. Ele precisa colocar a boca no pó. Precisa depor as suas armas. Precisa dobrar-se diante de Deus. Sem arrependimento, o mais virtuoso dos homens não pode ser salvo. Pecado não é só uma questão do que fazemos, mas de quem somos. Não somos pecadores porque pecamos, mas pecamos porque somos pecadores. Nossa natureza é pecaminosa. A seiva que corre em nossas veias está contaminada pelo veneno do pecado. Nosso coração não é bom como pensava Jean-Jacques Rousseau, mas enganoso e desesperadamente corrupto. Não somos neutros como ensinava John Locke; somos seres caídos e tendentes ao mal. Precisamos do vento impetuoso do Espírito e do fogo do céu para pregarmos com poder a urgente mensagem do arrependimento.

Uma pregação específica quanto à promessa

Atos 2.38 fala de duas promessas para quem se arrepende: uma está ligada ao passado, e outra, ao futuro: *para remissão dos vossos pecados, e recebereis o dom do Espírito Santo*. Depois do arrependimento, há *remissão de pecados*, perdão e salvação. Pedro está mostrando que, sem perdão, sem purificação, não existe plenitude do Espírito para nós. Mas, depois que somos perdoados, estamos preparados para receber *o dom do Espírito Santo*. Depois do acerto de vida com Deus, há derramamento do Espírito. Primeiro, preparamos o caminho do Senhor, aterramos os vales, nivelamos os

110 PENTECOSTE, O FOGO QUE NÃO SE APAGA

montes, endireitamos os caminhos tortos e aplainamos os escabrosos; então Deus se manifesta em todo o seu fulgor, trazendo salvação. Primeiro, o povo se volta para Deus de todo o coração, com choro, jejuns, rasgando o coração; depois o Espírito é derramado (Jl 2.12,13,28). Primeiro, restauramos o altar do Senhor que está em ruínas, colocamos sobre o altar a nossa oferta, e depois o fogo de Deus desce (1Rs 18.30-39).

Uma pregação vitoriosa quanto aos resultados

Então, os que lhe aceitaram a palavra foram batizados, havendo um acréscimo naquele dia de quase três mil pessoas (At 2.41). Quando a pregação é regada pelo orvalho do Espírito, ela produz frutos abundantes. Onde o Espírito é derramado, há conversões abundantes. As pessoas mortas em delitos e pecados renascem para a vida como os salgueiros junto às correntes das águas (Is 44.4). Uma das coisas que marcaram profundamente minha vida foi contemplar o vigor e a exuberância da Igreja Presbiteriana da Coreia do Sul. Aquela igreja é vinte e oito anos mais nova que a Igreja Presbiteriana do Brasil, da qual faço parte. Hoje a Igreja Presbiteriana da Coreia do Sul tem mais de dez milhões de membros, e nós ainda não chegamos a dois milhões. Seus membros representam 23% da população coreana, e nós, apenas 0,3% da população brasileira. Eles representam 75% dos evangélicos do país, e nós, uma pequena fatia. Não conseguimos explicar a razão desse poderoso crescimento senão pela ação poderosa e soberana do Espírito Santo derramado sobre aquela igreja.

A pregação de Pedro não apenas produziu conversões abundantes, mas também frutos permanentes. Aqueles crentes que foram batizados fizeram uma aliança com a igreja. Eles não eram crentes desigrejados, flutuantes, beija-flores, sem raízes e sem compromisso. Eles se engajaram, permaneceram na comunhão com uma qualidade superlativa de vida (At 2.42-47).

Hoje, estamos vivendo a era da "desinstitucionalização". As pessoas não suportam estruturas. Não querem compromisso. Não fazem alianças duradouras. Não plantam raízes. Hoje é difícil manter em dia o rol de membros da igreja. As pessoas entram pela porta da frente e, ao sinal da menor crise, buscam uma fuga pela porta dos fundos. Bebericam em várias fontes, buscam alimentos em diversos pastos, colocam-se debaixo do cajado de diversos pastores. Tornam-se ovelhas errantes, sem redil, sem referência, sem denominação, sem raízes. E, por não se firmarem, são jogadas de um lado para o outro, ao sabor dos ventos de doutrina. São crentes que vivem buscando experiências, andam atrás da última novidade religiosa, e acabam decepcionados.

A marca do Pentecoste foi bem outra. Aqueles novos crentes permaneceram na doutrina dos apóstolos. Eles se uniram à igreja para valer. Alguns hoje dizem que igreja não é importante. Isso não é verdade. A igreja importa, e muito. Ela é a noiva do Cordeiro. É a escrava resgatada. Não há membro fora do corpo. Uma brasa fora do braseiro se apaga. Estar fora da igreja é ser considerado gentio e publicano. O verdadeiro avivamento não diminui o valor da igreja, mas leva os novos convertidos a comprometerem-se com ela.

5. O PENTECOSTE PRODUZIU MUDANÇAS PROFUNDAS NA SOCIEDADE

O genuíno avivamento reverbera sua influência para além das fronteiras da igreja. O avivamento bíblico vaza e transpira para fora dos portões da igreja, produzindo impacto e mudanças profundas na sociedade. Stanley Jones, renomado missionário e ilustrado escritor, alista em seu livro *O Cristo de todos os caminhos* várias mudanças que o Pentecoste produziu na igreja e na sociedade. De forma sucinta, quero comentar algumas dessas mudanças:

No Pentecoste, a religião desprendeu-se dos lugares especialmente destinados ao culto e centralizou-se num lugar universal de vida, o lar (At 2.42-46)

Depois do Pentecoste, a religião deixou de estar vinculada a lugares sagrados para penetrar na tessitura da vida. O lar, o lugar mais comum, mais universal, deve ser o lugar mais sagrado, uma verdadeira Betel, casa de Deus. O nosso lar deve ser um templo do Deus vivo, onde se reúne uma igreja santa, amorosa e cheia de poder.

Muitas vezes, colocamos a religião num dia sagrado: o domingo; ou, num lugar sagrado: o templo; e lá a deixamos embalsamada. O Pentecoste colocou a religião nos lares. A vida toda deve subir ao nível do sagrado. A religião dos templos não nos salvará se os lares estiverem longe de Deus. Tudo na nossa vida deve ser vazado pelo sagrado.

A igreja primitiva se reunia nos lares. A igreja cresceu e dominou todos os rincões do império romano, reunindo-se de casa em casa. A vida familiar era litúrgica. Não havia dicotomia entre o templo e a casa, entre a igreja e a família. No lar a igreja desfrutava de maior comunhão e estava mais próxima das pessoas para evangelizá-las e assisti--las. O lar era o quartel-general da igreja, a cabeça de ponte para ela alcançar o mundo para Jesus. Quando a igreja se reúne nos lares, as famílias tornam-se não só o maior alvo da evangelização, mas também o seu mais eficaz instrumento.

É triste constatar hoje o grande abismo entre o que as pessoas são na igreja e o que são dentro de casa. Certa vez, dando um seminário para casais, li um bilhete anônimo de uma esposa: "Meu marido ora na igreja uma hora por dia, mas quando chega em casa é um cavalo". Há pessoas que são como Naamã; têm fama e prestígio lá fora, mas, quando

114 PENTECOSTE, O FOGO QUE NÃO SE APAGA

chegam em casa e tiram a indumentária, revelam sua lepra. Há pessoas que são uma bênção na igreja e uma maldição em casa. Levantam as mãos no louvor da igreja e, em casa, descem a mão na esposa e nos filhos. O Pentecoste veio para construir uma ponte entre o templo e a casa, entre a igreja e a família, fazendo do lar o centro da religião cristã.

O Espírito Santo libertou a religião da ideia de uma classe sagrada (At 1.14; 2.4)

O Espírito Santo veio não somente para os doze apóstolos, mas para os 120 discípulos que estavam reunidos. Não existe uma estratificação de poder no reino de Deus. Não existe aristocracia espiritual na igreja. Não existe uma casta sagrada, superior, beatificada, empoleirada no topo dos privilégios especiais. Não há hierarquia espiritual na igreja. Não existem clérigos e leigos. O poder do Espírito não é possessão de uma casta sagrada. Todos os cristãos foram constituídos sacerdócio real. Pedro e Maria não são melhores que os outros membros. Eles não receberam mais do Espírito que os outros. Não há lugar para estrelismo no reino de Deus. Não há espaço para pretensões orgulhosas. Todos na igreja são nivelados num mesmo patamar: todos são servos de Cristo. Quem quiser ser o maior, deve ser servo de todos. Os apóstolos, longe de buscar os aplausos do mundo, consideravam-se o lixo do mundo, a escória de todos (1Co 4.12-16). O próprio Jesus não veio para ser servido, mas para servir. Ele, sendo Deus, fez-se homem; sendo rico, fez-se pobre; sendo santo, fez-se pecado; sendo bendito, fez-se maldição; sendo transcendente, esvaziou-se; sendo Pai da eternidade, entrou na história; sendo todo-poderoso, deitou numa manjedoura; sendo o autor da vida, morreu numa cruz para nos salvar.

No Pentecoste as mulheres recebem o Espírito Santo nas mesmas condições que os homens (At 1.14; 2.1,4,17)

No Pentecoste, o Santo dos Santos foi francamente aberto às mulheres, e a religião libertou-se da ideia da superioridade de sexo. A promessa do Pai, de derramamento do Espírito, veio sobre filhos e filhas, sobre servos e servas (Jl 2.28-30). Acabaram-se os preconceitos. Os grilhões da tirania foram quebrados pelo poder do Espírito, pois onde está o Espírito do Senhor, aí há liberdade.

Quando o Espírito foi derramado, havia entre o grupo várias mulheres. Elas também ficaram cheias do Espírito Santo e receberam o dom do Espírito. Elas não foram discriminadas nem excluídas. Foram também revestidas de poder. O Pentecoste ressalta a dignidade que Deus sempre deu à mulher. Ao longo dos séculos, a mulher foi espoliada de seus direitos, aviltada em sua honra e roubada de sua dignidade como pessoa. Um sistema opressor foi achatando a mulher. Ela perdeu sua identidade, seu valor, sua voz. Passou a ser apenas uma propriedade do pai, quando solteira, e do marido, quando casada. Não tinha direito à herança da família. Não tinha direito à plena cidadania. Até mesmo seus sentimentos eram aviltados. Assim, a mulher foi vítima de preconceitos esmagadores em todas as civilizações ao longo da história.

Mas esse nunca foi o propósito de Deus, que sempre honrou a mulher. Ela foi feita de uma obra-prima melhorada. Deus não colocou a mão no barro para formá-la, mas a fez da costela de Adão. Deus não a fez nem superior nem inferior ao homem, por isso não a tomou da cabeça nem dos pés de Adão, mas da costela, para que lhe fosse uma companheira coigual, amada, amparada, o centro dos seus afetos. Quando formou o homem à sua imagem e semelhança, Deus os fez homem e mulher. A mulher foi dada ao homem como carne da sua carne e osso dos seus ossos, portanto em nada inferior. A mulher foi dada ao homem como companheira idônea, isto é, como aquela que olha nos olhos, que está no mesmo nível.

A diferença de papéis e funções no casamento não torna o homem superior nem a mulher inferior. O homem não possui mais direitos do que a mulher. A fidelidade conjugal que a mulher deve ao marido no casamento, o marido deve também à mulher. Não existe um código de conduta para a mulher e outro para o homem. Os princípios de Deus não são mais suaves para o homem e mais rígidos para a mulher. Em Cristo, homem e mulher são um, têm os mesmos direitos e as mesmas responsabilidades. O Pentecoste veio para pontuar de forma gloriosa essa verdade. Na igreja de Deus, a mulher tem espaço, vez e voz. Mesmo no Antigo Testamento, vemos Deus usando em posição de destaque na liderança mulheres como Débora e Ester. As mulheres acompanharam e apoiaram o ministério de Jesus. Participaram do ministério dos apóstolos. Na igreja primitiva havia profetisas. As mulheres sempre foram um braço forte e um esteio na igreja de Deus. As mulheres sempre foram sustentáculos na família. Sempre fizeram as coisas acontecer, estribadas na graça de Deus. O Pentecoste veio mais uma vez dizer, alto e bom som, que as mulheres podem e devem ser cheias do Espírito para exercer um glorioso trabalho no reino de Deus.

No Pentecoste a religião desprendeu-se da dependência de famílias privilegiadas (At 1.14)

O fato de Maria ser a mãe de Jesus não a destacou do grupo. Não há aristocracia espiritual, hierarquia, beatificação ou canonização no reino de Deus. Todos somos iguais aos olhos do Criador. Todos somos sacerdotes reais. Todos temos livre acesso à sua presença, pois o véu foi rasgado e agora podemos entrar com ousadia, por meio de Jesus, no Santo dos Santos.

118 PENTECOSTE, O FOGO QUE NÃO SE APAGA

Não honra Maria aqueles que a colocam num pedestal que nem ela nem as Escrituras revelam. Maria foi uma serva do Senhor que se dispôs a fazer e fez a vontade de Deus. Ela foi a mãe do nosso Salvador. Mas ela não foi imaculada, ou seja, sem pecado, pois todos os que nasceram da semente de Adão pecaram e carecem da glória de Deus. Ela não é mãe de Deus, pois Jesus, como Deus, nunca teve começo. Sendo Deus, ele não foi criado, mas é o Criador. Na condição de Deus, ele não nasceu no tempo, mas é o Pai da eternidade. Maria foi mãe da natureza humana de Cristo, pois Jesus Cristo tinha dupla natureza: uma divina e outra humana. Maria não é mediadora, pois Jesus Cristo é o único mediador entre Deus e os homens (1Tm 2.5). Maria não é corredentora, pois só há salvação no nome de Jesus (At 4.12). O Pentecoste veio para nos mostrar a verdade de que Maria, embora bem-aventurada e digna de ser imitada pela sua fé, humildade e conduta irrepreensível, não é superior a nenhum dos discípulos de Cristo, pois recebeu do mesmo Espírito, na mesma proporção que os outros no dia de Pentecoste.

O Pentecoste libertou a religião da ideia de uma idade sagrada (At 2.17)

... *vossos jovens terão visões, e sonharão vossos velhos* (At 2.17). Na maioria das religiões, especialmente nas religiões orientais, os anciãos têm sido sempre uma classe sagrada. Mas, no

Pentecoste, todas as idades se colocam no mesmo nível. Não há conflito de gerações. Não há conservadorismo nem renovacionismo inconsequente. O Espírito de Deus não tem preconceito de idade. O idoso pode ser cheio do Espírito e sonhar grandes sonhos para Deus. O jovem pode ter grandes visões da obra de Deus. O velho pode ter vigor, e o jovem pode ter sabedoria, quando estão cheios do Espírito. O velho pode ter doçura, e o jovem pode ter discernimento sob a unção do Espírito. Onde o Espírito de Deus opera, velhos e jovens têm a mesma linguagem, o mesmo ideal, a mesma paixão e o mesmo propósito.

Por deixar de lado os princípios de Deus, o mundo ocidental está assistindo a um dos maiores desastres da história, como um terremoto avassalador, arrebentando com a família: o conflito de gerações. É a guerra entre pais e filhos. É a falta de diálogo, entendimento e comunicação eficaz. Os pais não têm tempo para os filhos, e os filhos não entendem os pais. Os pais correm atrás de dinheiro, e os filhos ficam órfãos dos pais. Em muitos países, as igrejas estão vazias de jovens. Por causa desse abismo de comunicação entre pais e filhos, as igrejas estão com cara de museu. Mas o Pentecoste veio para mostrar que o lugar de o jovem desfrutar a plenitude da vida não é no mundo, mas na casa de Deus, no altar de Deus, pois ele pode ser cheio do Espírito e usado com grande poder na obra de Deus.

O Pentecoste desvencilha a religião das posturas sagradas (At 2.2)

No Pentecoste, os cento e vinte discípulos reunidos aguardando a promessa do Pai estavam na mais universal das posições: assentados. Nem mesmo ajoelhados estavam. Muitas religiões, como o hinduísmo, pregam posições sagradas como a ioga. Mas o Espírito de Deus veio para dizer que todas as posturas são sagradas. Deus olha o coração. Ele não se impressiona com nossos gestos nem com nossas formas pomposas de culto. Por isso Jesus quebrou alguns protocolos. Ele orava de olhos abertos. Comia sem lavar as mãos. Conversava com gente marginalizada. Curava no sábado. Ele não se preocupava com a forma, pois o que importa para Deus é a motivação, o coração, a sinceridade. No Pentecoste a religião desprende-se do ritualismo e do cerimonialismo. Deus busca adoradores que o adorem em espírito e em verdade. Deus quer é a verdade no íntimo.

O Pentecoste veio para mostrar que o poder de que o homem precisa não vem de dentro, mas do alto (At 2.2-4)

O que aconteceu ali no cenáculo, o vento impetuoso, as línguas de fogo, o derramamento do Espírito, não foram experiências subjetivas. Aquelas coisas extraordinárias não partiram de dentro das pessoas que estavam reunidas, mas vieram do alto.

As religiões orientais, a Nova Era e a Confissão Positiva dizem que o homem tem poder, e a sua necessidade é despertar esse poder latente dentro dele. O humanismo prega que o homem é o seu próprio deus. O budismo, em franco crescimento no Brasil, prega que o poder de que o homem precisa vem de dentro. Mas o Pentecoste mostra que o poder de que necessitamos vem do alto, do céu, do trono de Deus.

O Pentecoste veio para nos libertar dos traumas de fracassos passados (At 1.4,5)

Jerusalém seria o último lugar onde os apóstolos gostariam de ficar. Ali eles caíram. Ali eles fracassaram. Mas é a partir dali que Jesus quer restaurá-los. Onde você caiu é que Jesus o quer colocar de pé pelo poder do Espírito Santo. O Pentecoste nos dá forças não para fugir dos problemas, mas para enfrentá-los e vencê-los na força do Espírito. Sem o Pentecoste, a nossa tendência é fugir, e não ficar. O Pentecoste diz que você precisa de poder para mudar, e não de covardia para fugir.

É mais fácil fugir que enfrentar. É mais cômodo ensarilhar as armas e desistir de lutar. É mais seguro ficar trancado dentro de quatro paredes, ainda que com medo, do que sair para as trincheiras da luta. Sem poder, nós nos acovardamos. Sem a unção de Deus, somos um bando de covardes. Sem revestimento de poder, a igreja recua qual exército de Saul diante do Golias. Sem capacitação do céu, estremecemos diante do inferno e não causamos nenhuma preocupação ao diabo.

Sem o Pentecoste, a última palavra da nossa vida é o fracasso, a queda, a vergonha da derrota. Mas, quando o Espírito é derramado sobre nós, tornamo-nos valentes como Davi diante de Golias. Quando Deus sopra sobre nós o hálito do seu Espírito, reagimos com otimismo diante das circunstâncias adversas, como o próprio Davi em Ziclague (1Sm 30.6), e saímos à luta, agarrados nas promessas de Deus para triunfar sobre os nossos inimigos e reconquistar tudo aquilo que Deus nos deu. Quando o óleo de Deus escorre sobre a nossa cabeça, nem açoites, nem cadeias, nem prisões, nem a própria morte podem deter-nos. A igreja hoje precisa urgentemente dessa visitação do Espírito Santo, desse derramar das torrentes do céu, desse revestimento de poder, desse Pentecoste cujo fogo jamais apaga, para sair do seu marasmo, para levantar-se do seu desânimo, para curar-se da sua esterilidade e para ir até aos confins da terra, fazendo discípulos de todas as nações.

CONCLUSÃO

Em João 7.39, depois que Jesus fala que rios de água viva fluirão do interior de todo aquele que nele crê, segundo a Escritura, ele deixa claro que o Espírito ainda não tinha sido dado, porque Jesus ainda não tinha sido glorificado, ou seja, ainda não estava no trono de sua glória. Uma única coisa nos impede de receber a plenitude do Espírito Santo: é Jesus não estar no trono da nossa vida.

Quando Jesus sobe ao trono da nossa vida, o Espírito desce sobre nós de forma abundante e poderosa. Mas, muitas vezes, outras coisas estão ocupando esse lugar. Pedimos a plenitude e o enchimento do Espírito, mas estamos entupidos de pecado. Muitas vezes, somos como os poços que Isaque cavou na terra dos filisteus. Ali havia água boa, límpida, mas os filisteus entulharam seus poços de terra, e a água parou de jorrar. Se queremos ver jorrar de dentro de nós uma fonte que saltará para a vida eterna, se queremos experimentar os rios de água viva fluindo do nosso interior, precisamos remover de dentro de nós todo o entulho do pecado e todo o lixo da impureza.

Antes de Elias subir ao cume do monte Carmelo, ele mandou retirar do caminho de Israel os

124 PENTECOSTE, O FOGO QUE NÃO SE APAGA

profetas de Baal e os profetas do poste-ídolo. Antes de descer a chuva, Baal precisa ser retirado. Para que o fogo caísse, o altar precisa ser restaurado. Antes de Jacó subir para Betel, Deus lhe ordenou que jogasse fora os ídolos, lavasse as mãos e purificasse as vestes. A água só cai sobre o sedento. As torrentes só descem sobre a terra seca. O Espírito só é derramado sobre aqueles que ousam acertar sua vida com Deus.

Vejo no profeta Elias um modelo inspirador para nos guiar a essa busca incessante, incansável, vigilante e importuna do poder do céu. Ele viveu num tempo de crise e apostasia. Mas a marca distintiva de sua vida foi viver na presença de Deus, experimentar o cuidado de Deus e ser usado pelo poder do alto. No cume do monte Carmelo, ele desafiou os profetas de Baal, zombou deles e de seu deus impotente. Chamou para si a multidão apóstata, restaurou o altar e invocou Deus. O fogo de Deus caiu do céu, e o povo caiu de joelhos diante do Senhor.

Mas Elias não se contentou em apenas mostrar ao povo o poder de Deus. Elias quis buscar tempos de restauração para o povo. Reinava fome na terra. A seca de três anos e meio havia devastado tudo em Israel e deixado um rastro de morte. Elias, então, mesmo sendo homem semelhante a nós, bombardeou o céu para que as torrentes de Deus descessem e inundassem a terra de vida.

Nessa escalada, ele deu seis passos decisivos antes que a bênção chegasse:

a) *Elias ouviu o ruído de abundantes chuvas* — o céu estava claro, não havia nenhum vestígio de chuva, mas pela fé ele anteviu a proximidade da chuva. Ele não andava guiado pelas circunstâncias. Vivia pela fé. Ele creu incondicionalmente na promessa de Deus de enviar chuva sobre a terra.

b) *Elias subiu ao cume do monte Carmelo* — subir exige esforço. Para subir, não se pode carregar peso inútil. Elias estava determinado a subir à presença de Deus. Caminhava na direção da bênção.

c) *Elias se encurvou e meteu o seu rosto entre os joelhos* — ele não subiu para olhar os outros de cima para baixo, para ficar de salto alto perto dos outros. Não subiu para jogar pedra nos outros lá de cima. Ele subiu para se encurvar, para se humilhar, para derramar sua alma diante de Deus. O caminho da vitória passa pela porta da humilhação.

d) *Elias orou* — ele não subiu para trombetear suas qualidades e as misérias do povo. Ele subiu para buscar a face do Deus todo-poderoso. Deus não busca críticos, mas intercessores, pessoas que se coloquem na brecha em favor do seu povo.

126 PENTECOSTE, O FOGO QUE NÃO SE APAGA

Deus não procura apenas quem aponte os erros do povo, mas quem clame e chore por esse povo.

e) *Elias perseverou em oração* — ele não desistiu de orar, porque seu pedido não foi deferido da primeira até a sexta vez. Ele continuou orando até que, na sétima vez, algo aconteceu. Se queremos um avivamento para a nossa vida, nossa igreja e nossa nação, precisamos perseverar em oração. Precisamos ter fé para não desistir no meio do caminho, para não arriar as armas no limiar da bênção.

f) *Elias viu um pequeno sinal e creu* — para quem vive na presença de Deus e tem o coração alimentado pela fé, um pequeno sinal representa uma grande resposta e desemboca numa bênção abundante. Elias creu, e a chuva chegou. Ele creu, e as torrentes desceram. Elias creu, e Israel soube que só Deus pode abrir as comportas do céu.

Oh, precisamos confrontar o pecado e restaurar o altar da nossa vida para que o fogo purificador de Deus inflame nosso coração! Precisamos subir à presença de Deus com humildade e orar até que os tempos de restauração da parte do Senhor venham sobre nós!

Sua opinião é importante para nós. Por gentileza, envie seus comentários pelo e-mail editorial@hagnos.com.br

Visite nosso site: www.hagnos.com.br

Esta obra foi impressa na Imprensa da Fé.
São Paulo, Brasil.
Verão de 2021.